人大长江院
系列成果

长江经济带高质量发展
面临的挑战及应对

中国人民大学长江经济带研究院　编著

编写成员：（排名不分先后）

罗来军　邓　玲　肖汉平　保建云　袁　正
黄　寰　王美舒　李　伟　鄢　杰　傅佳莎
韩文龙　罗子欣　胡先强

中国财富出版社

图书在版编目（CIP）数据

长江经济带高质量发展面临的挑战及应对 / 中国人民大学长江经济带研究院编著．—北京：中国财富出版社，2019.11

ISBN 978-7-5047-7076-9

Ⅰ.①长…　Ⅱ.①中…　Ⅲ.①长江经济带—区域经济发展—研究报告　Ⅳ.①F127.5

中国版本图书馆 CIP 数据核字（2019）第 252913 号

策划编辑　李彩琴　　**责任编辑**　戴海林　孟　婷

责任印制　尚立业　　**责任校对**　孙丽丽　　**责任发行**　杨　江

出版发行　中国财富出版社

社　　址　北京市丰台区南四环西路 188 号 5 区 20 楼　**邮政编码**　100070

电　　话　010-52227588 转 2098（发行部）　010-52227588 转 321（总编室）

010-52227588 转 100（读者服务部）　010-52227588 转 305（质检部）

网　　址　http://www.cfpress.com.cn

经　　销　新华书店

印　　刷　北京京都六环印刷厂

书　　号　ISBN 978-7-5047-7076-9/F·3139

开　　本　710mm×1000mm　1/16　　**版　　次**　2020 年 4 月第 1 版

印　　张　10　　**印　　次**　2020 年 4 月第 1 次印刷

字　　数　108 千字　　**定　　价**　48.00 元

作者简介

中国人民大学长江经济带研究院的成员如下：

罗来军，中国人民大学长江经济带研究院院长、中国方案研究院执行院长、中国人民大学国家发展与战略研究院研究员、中国人民大学经济学院教授、博导。入选国家“新世纪优秀人才支持计划”。内参多次获总书记及相关部门的批示。主持、组织国务院、国家部委、省市政府政策研究、发展规划 10 多项。在《World Economy》《经济研究》《人民日报》《光明日报》等重要期刊和媒体发表文章 200 多篇。

邓玲，中国人民大学长江经济带研究院高级研究员，四川大学经济学院教授，享受国务院特殊津贴专家，四川省学术和技术带头人，四川省人民政府原参事，是我国较早研究生态文明建设的专家之一。已主持完成国家社科基金项目“长江上游生态屏障建设研究”“长江上游经济带与生态屏障共建及其协调机制研究”、国家社科基金重大项目“我国生态文明发展战略及其区域实现研究”、国家发改委重大改革研究课题“加强生态文明建设的重大问题和制度机制研究”。

肖汉平，北京大学经济学博士，中国人民大学长江经济带研究院高级研究员。先后在首都经济贸易大学、中国国际期货、中保信实业、嘉实基金、中国银河证券、中国证监会（借调）、清华大学等从事经济、产业、金融和资本市场研究工作。先后参与国家“七五”课题“黄土高原综合治理”之城镇与工业布局课题研究、国务院发展研究中心主持的国家软科学课题“九十年代中国西部开发”课题研究之“东中西三大地带比较”课题研究、中国证监会落实“国九条”之“合规资金入市”课题研究和中国证监会“中国资本市场改革与发展”之“机构投资者发展”和“商业银行与资本市场”课题研究。曾在《经济理论与经济管理》《经济科学》《改革与理论》《中国人民大学学报》《经济学家》《国际石油经济》《经济研究参考》《新华文摘》《证券市场导报》《光明日报》《科技日报》《中国经济时报》《中国证券报》《上海证券报》《证券时报》等报刊、图书公开发表论文和文章数十篇。

保建云，中国人民大学长江经济带研究院高级研究员、国际关系学院教授，国际政治经济学研究中心主任，中国国际经济关系学会常务理事，中国软科学研究会理事，教育部哲学社会科学重大课题攻关项目首席专家，教育部新世纪优秀人才，柏林自由大学兼职博导，安特卫普大学、芝加哥大学访问学者。多家中英文学术刊物、国际出版机构与知名大学匿名审稿人。独立主持科研课题10余项，出版学术著作10部，发表中英文学术论文120余篇。

袁正，中国人民大学长江经济带研究院研究员，西南财经大学经济学院教授，四川省学术与技术带头人后备人选，西南财经大学优秀教师、优秀共产党员、优秀党务工作者。主持国家社科基金项目2项，教育部人文社科基金项目1项。

黄寰，中国人民大学长江经济带研究院研究员，成都理工大学二级教授，享受国务院特殊津贴专家，中国青年科技奖得主，四川省学术和技术带头人。研究方向为区域可持续发展。主持国家社科基金、国家软科学项目等各级纵向课题80多项，在《人民日报·理论版》《光明日报·理论版》《中国软科学》等发表论文90多篇，出版专著8部。成果被《光明日报》《情况反映》（机密）、《人民日报内参》（秘密）等编发，20多篇报告被省市领导批示或地方政府部门运用。

王美舒，中国人民大学长江经济带研究院研究员，华东师范大学法学院晨晖学者。研究方向包括法律与经济发展，营商法治环境评估。组织、参与多省市营商环境评估。

李伟，中国人民大学长江经济带研究院原副院长、国际关系学院副教授、国际制度与规范研究中心主任、食品安全治理协同创新中心研究员，清华大学管理科学与工程博士后。主要研究能源和气候变化政治经济学、生态屏障、复杂系统、开发开放等问题。主持和参与国家级、省部级项目20多项，发表期刊论文、媒体文章 70 多篇。

鄢杰，中国人民大学长江经济带研究院研究员，西南财经大学财税学院博士生导师。主要研究区域经济和财税问题。主持国家级、省部级等课题 10 余项，在《统计研究》《经济学家》《宏观经济研究》《经济日报》、光明网、中国网等刊物及网络媒体发表文章 40 多篇，多篇文章被《新华文摘》《中国社会科学文摘》以及中国人民大学报刊复印资料中心全文转载。担任成都市人大预工委、成都市人才研究会等单位财经咨询专家和理事。科研成果先后获得中国县级财经研究会、四川省财政学会、四川省税务学会一等奖、特等奖和二等奖等。

傅佳莎，中国人民大学长江经济带研究院研究员，西南财经大学中国家庭金融调查与研究中心研究员。研究方向包括产业经济学、资源与环境经济学等。参与多项国家与省部级课题，曾获省部级领导批示。

韩文龙，经济学博士，中国人民大学长江经济带研究院研究员，西南财经大学经济学院经济系主任、副教授，主要研究方向为市场经济运行与宏观调控等，在《马克思主义与现实》《经济学动态》《政治经济学评论》《中国社会科学内部文稿》《农业经济问题》《光明日报》《经济日报》等重要期刊和报纸媒体发表文章 60 多篇，10 余篇论文被《新华文摘》和中国人民大学报刊复印资料中心等全文转载，获得过陕西省哲学社会科学奖一等奖和四川省哲学社会科学奖一等奖等。

罗子欣，四川省社科院副研究员，四川省青年科技奖得主，四川省学术和技术带头人后备人选。研究方向为科技与社会。

胡先强，中国人民大学长江经济带研究院综合办公室主任助理、内参编辑部编辑。

内容摘要

在党和国家领导人的关怀与谋划下，长江经济带发展已经取得了显著成绩。同时，我们认识到推动长江经济带高质量发展是一个系统性工程，具有长期性和复杂性，需久久为功。在新时代新形势下，长江经济带高质量发展仍面临着生态环境、上游生态屏障、化工安全、产业转型升级、主体功能区划、区域协调机制、一体化发展、上游城市群经济区、自由贸易区、乡村金融、农村人居环境、民营企业发展的诸多挑战。为破除阻碍，本书共提出 12 个应对举措：①坚持以“绿色发展、生态优先”理念破除生态环境严峻形势；②编制长江上游生态屏障建设规划，筑牢长江上游生态屏障；③确立近期、长期应对举措，化解和防范长江经济带“化工安全”潜在危机；④优化城市群产业布局；⑤科学编制主体功能区划，化解无序竞争、产业同构；⑥加快区域协调、战略规划、城市群、县域经济、财税体制发展；⑦以经济一体化推动长江经济带一体化发展；⑧启动“长江上游城市群经济区”规划建设；⑨加快

“长江经济带+自贸区”发展；⑩建立乡村发展创业投资基金；⑪加强农村人居环境整治；⑫优化营商法治环境。多措并举，朝着高质量发展方向笃定前行，定能以长江经济带发展推动我国经济高质量发展。

前　言

长江是中华民族的母亲河，也是中华民族发展的重要支撑。党中央高度重视长江经济带发展，2014 年《政府工作报告》明确提出："依托黄金水道，建设长江经济带。"这意味着长江经济带发展战略被正式确定为国家战略。2014 年 9 月，国务院印发《国务院关于依托黄金水道推动长江经济带发展的指导意见》，部署将长江经济带建设成为具有全球影响力的内河经济带、东中西互动合作的协调发展带、沿海沿江沿边全面推进的对内对外开放带和生态文明建设的先行示范带。2014 年 12 月，中央经济工作会议，明确将"长江经济带"列为新时期优化我国经济发展空间格局的"三大支撑带战略"之一。2016 年 9 月，《长江经济带发展规划纲要》正式印发，确立了长江经济带"一轴、两翼、三极、多点"的发展新格局。2017 年 2 月，国务院发布的《全国国土规划纲要（2016—2030 年）》再次明确长江经济带发展肩负谋划我国区域发展新格局、拓展区域发展新空间的重大历史使命。2018 年 12 月，中央经济工作会议，更是强调，当前要推动长江经济带发展，实施长江生态环境系统性保护修复，努力推动高质量发展。习近平总书记先后在重庆、武汉主持召开推动长江经济带发展座谈会及深入推动长江经济带发展座谈会，强调："推动长江经济带发展是党中央作出的重大决策，是关系国家发展全局的重大战略，对实现'两个一百年'奋斗目标、实现中华民族伟大复兴的中国梦具有重要意义。"

长江经济带发展战略事关经济社会发展全局，其重要性不言而喻。从数据指标来看，长江经济带横跨我国东中西三大区域，覆盖上海、江苏、浙江、安徽、江西、湖北、湖南、重庆、四川、云南、贵州 11 个省市，面积约 205 万平方千米，占全国的 21%，截至 2015 年年底，人口规模占全国人口总量的 42.87%。2017 年，GDP 贡献占全国比重的 45.2%，占据了全国经济指标的半壁江山，是我国经济社会发展最具活力和潜力的区域。

从建设历程来看，20 世纪 90 年代初上海浦东的开发开放，拉开了长江经济带综合开发的序幕，历经近 30 年的开发建设，长江经济带综合运输通道初步形成，产业发展优势不断增强，城镇化战略格局基本形成，在我国发展格局中的战略地位日益凸显。

从生态建设来看，长江经济带是我国重要的生态宝库，在我国"三纵四横"大水网格局下，长江流域生态环境好坏所带来的影响可谓"牵一发而动全身"，早已不仅限于某个区域，也正因如此，习近平总书记多次强调长江经济带发展要"共抓大保护、不搞大开发”，但这并不意味着不搞经济建设、不发展，而是要把生态保护摆在优先位置，走绿色可持续发展道路，这既是对自然规律的尊重，也是对经济规律、社会规律的尊重。

从区域发展来看，自长江经济带发展上升为国家战略以来，沿江11个省市尤其是上中游省市经济增长迅猛，要素流动活跃，创新驱动和供给侧结构性改革成效渐显，正成为承载我国未来经济社会发展的重要战略支撑带，对内可以将西部大开发、中部崛起等发展战略贯穿起来，对外可以将“一带一路”倡议和南向开放战略等衔接起来。

从扶贫开发来看，目前长江上游很多省市相对来说贫困度还比较高，农村人居生活环境遭到破坏，为了实现2020年全面建成小康社会的目标，必须着力推动长江上游地区扶贫开发任务，推进长江上中下游的协调发展；从大趋势来看，长江经济带发展不仅事关中国经济社会发展全局，而且对于世界经济的全球化发展都将产生重大影响。

实施长江经济带发展战略具有重大现实意义和深远历史意义。推动长江经济带高质量发展是党中央、国务院主动适应把握引领经济发展新常态，科学谋划中国经济新棋局，作出的既利当前又惠长远的重大决策部署。有利于走出一条生态优先、绿色发展之路，让中华民族母亲河永葆生机活力，真正使黄金水道产生黄金效益；有利于挖掘中上游广阔腹地蕴含的巨大内需潜力，促进经济增长空间从沿海向沿江内陆拓展，形成上中下游优势互补、协作互动格局，缩小东中西部发展差距；有利于打破行政分割和市场壁垒，推动经济要素有序自由流动、资源高效配置、市场统一融合，促进区域经济协同发展；有利于优化沿江产业结构和城镇化布局，建设陆海双向对外开放新走廊，培育国际经济合作竞争新优势，促进经济提质增效升级。

当前我国正处于推动长江经济带高质量发展的加速期，中国人民大学长江经济带研究院依托中国人民大学国家高端智库这一平台，长期开展长江经济带高质量发展相关研究，形成了多个研究成果。为进一步化解长江经济带高质量发展面临的挑战，中国人民大学长江经济带研究院集聚罗来军院长（教授）、邓玲教授、肖汉平研究员等 13 名研究人员的优秀成果，整合撰写成本书。本书在结构上划分为长江经济带发展取得积极进展、长江经济带高质量发展面临诸多挑战、长江经济带高质量发展应对举措三章；在内容上针对长江经济带高质量发展仍面临的生态环境、上游生态屏障、化工安全、产业转型升级、主体功能区划、区域协调机制、一体化发展、上游城市群经济区、自由贸易区、乡村金融、农村人居环境、民营企业发展的诸多挑战，提出 12 个方面的应对举措，供有关领导、单位和部门参考。

编者

2019 年 10 月

目　录

第一章　长江经济带发展取得积极进展

多年来，在党中央的领导下，有关部门和沿江 11 省市认真贯彻落实习近平总书记重要讲话和批示指示精神，始终以“生态优先、绿色发展”理念为指导，坚持“共抓大保护、不搞大开发”，扎实推进长江经济带发展各项工作，完善相关规划政策体系，在改善生态环境、促进转型发展、探索体制机制改革、开发开放等方面取得了积极进展。

一、顶层、中层设计基本完成

突出规划先导作用，形成了“1 + N”的规划政策体系。“1”是一个总规划，即 2016 年 9 月 11 日前后正式印发的《长江经济带发展规划纲要》（以下简称《规划纲要》），明确了长江经济带发展的战略定位、主要目标和重点任务，成为当前和今后长江经济带发展工作的基本遵循，这也是推动长江经济带发展的纲领性文件。“N”就是围绕《规划纲要》落实、制定的一系列专项规划、政策文件和实施方案。依据《规划纲要》，有关部门制定的岸线保护和开发利用、综合立体交通走廊等10个专项规划陆续印发实施，沿江11省市《规划纲要》实施方案基本编制完成，支持政策体系逐步完善。水利部长江水利委员会加大对服务长江经济带发展的研究工作力度，编制完成了《长江经济带发展水利专项规划》《长江岸线保护和开发利用总体规划》《长江经济带沿江取水口、排污口和应急水源布局规划》和《长江流域水生态环境保护与修复三年行动计划（2018—2020年）》，并不断强化长江大保护跨部门合作，最大限度地集聚长江经济带高质量发展整体合力。2017年，环境保护部（现生态环境部）、国家发展和改革委员会、水利部联合印发《长江经济带生态环境保护规划》，规划提出水资源优化调配、生态保护与修复、水环境保护与治理、城乡环境综合整治、环境风险防控、环境监测能力建设6大工程18类项目，建立重大项目库，以大工程带动大保护。此外，相关政策还涉及森林和湿地生态系统保护与修复、创新驱动产业转型升级、国际黄金旅游带以及长三角、长江中游、成渝三大城市群发展规划等；还有城镇污水垃圾处理、化工污染治理、农业面源污染治理、船舶污染治理以及尾矿库污染治理“4+1”工程指导意见，以及省际协商合作机制、黄金水道环境污染防控治理、加快推进长江船型标准化、加强工业绿色发展、造林绿化等一系列支持政策。

至此，基本形成以《规划纲要》为统领，相关专项规划、地方实施方案和支持政策为支撑的规划政策体系，为推动长江经济带发展战略全面实施打下了坚实基础。

二、生态环境持续改善

长江是中华民族的生命河，水系庞大，水资源总量约占全国的35%，全流域森林覆盖率达40%以上，河湖湿地面积约占全国的20%，是我国重要的生物基因宝库。针对长江经济带生态环境保护面临的突出问题，国家通过开展生态环境保护专项行动着力加以解决，同步研究建立监管长效机制，巩固专项行动成果。

以持续改善长江水质为中心，统筹推进水污染治理、水生态修复、水资源保护“三水共治”，开展“共抓大保护”中突出问题专项检查。先后开展沿江非法码头、非法采砂专项整治和“回头看”工作，经过沿江省市和有关部门的共同努力，非法码头得到了初步整治，非法采砂得到了初步监管，长效机制得到了初步构建。开展长江经济带化工污染整治专项行动，通过调查摸底、专项治理、加强监管三个步骤，重点整治化工污染问题。启动长江入河排污口监督检查、饮用水水源地安全检查等专项行动，严控长江水环境污染的关口，切实保障沿江群众饮水安全。此外，还开展了入河排污口整改提升、固体废物大排查、长江干流岸线保护和利用等一系列专项行动，狠抓长江经济带生态环境警示片披露的163个生态环境突出问题整改，解决了一批“老大难”问题，长江生态环境质量得到持续改善。

水污染得到有效遏制。加强生态环境保护重大工程实施。生态环境污染治理“4 +1”工程全面推进，截至 2018 年年底，沿江 11 省（市）城市和县城累计建成污水处理设施 1772 座，污水管网 23.7 万千米，搬改关转化工企业 6485 家。长江港口岸电力设施加快建设，新建改建 LNG（液化天然气）动力船 280 艘。12 个重点城市黑臭水体消除比例达 93.1%。实施化肥、农药使用量零增长行动，畜禽水产养殖废弃物资源化利用水平提高，畜禽粪污综合利用率达 70%。1376 个挂牌督办的固体废物堆存点问题整改达标率为 99.9%。

水生态得到有效修复。2018 年 10 月，国务院办公厅印发《国务院办公厅关于加强长江水生生物保护工作的意见》，开展中华鲟、长江鲟人工增殖放流和长江江豚迁地保护行动，长江珍稀濒危物种保护得到强化。率先在长江流域 332 个水生生物保护区实行常年禁捕，非法捕捞执法力度加大。候鸟栖息地、珍稀鱼类重要产卵区、洄游通道等生态修复重建工作进展顺利。着重抓好天然林保护、防护林建设、退耕还林还草、湿地保护和石漠化治理，实施贵州草海、云南大理洱海源头等重要湿地保护和修复工程。长江两岸防护林体系建设造林 1141 万亩（1 亩约为 666.67 平方米），新建国家湿地公园 67 处，洞庭湖水质逐步好转为Ⅳ类，鄱阳湖区恢复退化湿地面积 276.06 公顷（1 公顷为 10000 平方米），水源涵养功能明显增强。实施三峡等上中游控制性水库及“两湖”支流水库联合调度，保障长江中下游河湖生态用水。深入开展长江干线非法码头、非法采砂专项整治，完成1361座非法码头整改，其中彻底拆除1254座并实现生态复绿；规范提升107座，完善相关手续，实现了合法运营。

水资源得到有效保护。8051个入河排污口登记造册，2673个县级集中式饮用水水源地环境违法问题整治完成。大力实施重大引调水和重点水源工程，通过南水北调东线、中线已累计向华北地区供水234多亿立方米。全面落实最严格水资源管理制度，强化水资源开发利用、用水效率控制红线约束，实现总量强度“双控”。建立健全防洪减灾体系，建成安徽长江崩岸应急治理工程等4个项目，完成13处蓄滞洪区围堤加固工程，长江流域54条主要支流治理有序实施。

经过这几年的艰苦努力，长江水环境恶化的势头得到遏制，长江水质正在逐渐改善。2018年，长江干流国控断面水质优良（Ⅰ～Ⅲ类）比例为79.3%，较2015年年底提高12.3个百分点；劣Ⅴ类水质比例为1.9%，较2015年下降4.5个百分点。

三、经济指标稳步提升

2017年长江经济带经济总量占全国经济总量超过4成，经济高速增长，总量稳步提升，成为中国经济的重要支撑带。2017年，长江经济带集聚了全国约42.8%的人口，创造45.2%的国内生产总值和43.7%的进出口总额，在中国经济巨轮中具有“压舱石”的作用。

近年来，长江经济带发展质量和效益不断提升。2017年长江经济带地区生产总值同比增长8%，经济总量占全国45.2%，占比继续提高。沿线省市经济辐射带动作用明显增强，2017年投资增长11%，增速比全国高3.8个百分点。2017年中国经济增速最高的十大省（区）市中，长江经济带占了7个；在前15位中，长江经济带占了10个，而且多数城市的人均GDP超过10万元。2018年长江经济带实现地区生产总值40.3万亿元，增长7.4%，连续3年高于全国平均增速1个百分点左右，占全国比重由2015年的42.3%提升至2018年的44.1%，对全国经济增长的贡献度由2015年的45.3%提升至2018年的46.9%，人均GDP从2015年低于全国平均水平1.2%到2018年高于全国平均水平2.9%。

四、产业转型升级持续向好

长江经济带自主创新能力持续提高。上海建设具有全球影响力的科技创新中心的步伐加快，安徽、四川、武汉等省（市）全面创新改革试验扎实推进，湖北、湖南、四川创新型省份加快创建，合、芜、蚌、重庆和浙东南等国家自主创新示范区建设顺利，上海张江、安徽合肥综合性国家科学中心建设加快推进，截至2019年，新建2个国家研究中心和9个省部共建国家重点实验室，新培育国家级专业化众创空间23家。高端装备制造业集聚水平提升，长江经济带的通用装备制造业主营业务收入占全国的比重从50.6%提高到52.1%，专用设备制造业主营业务收入占全国的比重从44.5%提高到48.2%。

产业转型升级不断加快。重庆、武汉、合肥、南京、上海等地区的集成电路、平板显示、物联网、云计算、人工智能、大数据等新一代信息技术产业加快发展，武汉光谷光电子产业发展成果明显。第三产业撑起长江经济带“半壁江山”，技术先进、附加值高的现代工业体系正在形成。此外，国家正推进沿江的国家新型工业化产业示范基地建设。截至2018年年底，已命名的国家新型工业化产业示范基地有380多家，长江沿线占45%左右。

新型城镇化建设步伐加快。新型城镇化综合试点工作有序推进，一批特色小镇、小城镇建设稳步推进、初具规模。沿江城镇化格局进一步优化，以城市群为主体、大中小城市和小城镇协调发展的城镇格局加快构建，2018年长江经济带常住人口城镇化率达59.5%，比2015年提高了4个百分点。长江三角洲区域一体化发展上升为国家战略，长江中游城市群发展势头强劲，成渝城市群在西部地区的引领带动作用明显提升，“三大城市群”集聚效应和引擎作用明显增强。

五、开发开放不断深化

长江经济带向西连接丝绸之路经济带，向东对接21世纪海上丝绸之路，辐射京津冀，勾连广袤内陆和辽阔海洋，在重大发展战略勾勒的宏大蓝图中，长江经济带正以开放创新的新姿态，支撑起中国经济新的增长极。2017年，长江经济带11省市进出口总额比上年增长17.3%，高于全国平均增速，占全国进出口总额的43.7%。全国目前已挂牌的11个自贸区中，有5个自贸区位于长江经济带，分别为上海自贸区、浙江自贸区、湖北自贸区、重庆自贸区和四川自贸区。串起5大自贸区，长江经济带正加速形成对外开放的重要平台，在推动“引进来”和“走出去”方面发挥重要作用。

对外开放水平持续提升。推进全方位对外开放，上海自贸区制度创新引领全国，2019年7月27日，国务院印发《中国（上海）自由贸易试验区临港新片区总体方案》，更深层次、更宽领域、更大力度地推进上海自贸区全方位高水平开放。重庆、成都、武汉等内陆开放高地快速崛起，西部地区陆海新通道积极谋划，云南面向南亚东南亚辐射中心建设稳步推进，陆海内外联动、东西双向互济的全方位开放新格局初步形成。加快推进长江经济带发展与“一带一路”建设融合共进，加快中欧班列统一品牌建设，建立中欧通道铁路运输、口岸通关协调机制，运量快速增长。截至2018年，长江经济带11省市累计开行中欧班列8873列，占全国班列开行总数的68%。

六、综合立体交通走廊建设成效显著

长江素有“黄金水道”之称，是世界上运量最大的内河。近几年来，有关部门和沿江11省市多措并举、多管齐下，积极推动长江经济带水运、铁路、公路、航空协调发展，着力推动各种运输方式有机衔接，大力推动与区域外交通互联互通，长江经济带现代化综合立体交通的优势和效益开始显现。

黄金水道功能不断提升。航道区段标准、船舶标准、港口码头管理、通关管理“四个统一”建设有序推进。长江南京以下12.5米深水航道整治工程已全线贯通，5万吨海船可直达南京港；长江中游荆江河段航道整治工程已完工，武汉至安庆段航道整治工程已开工建设，完工后水深达6米，万吨轮船可达武汉。充分挖掘三峡枢纽现有船闸潜力，世界上最大的3000吨级三峡升船机建成并试通航。积极推进三峡枢纽运输制约疏解，三峡水运新通道前期工作稳步推进。港口能力和航运中心作用进一步提升，上海国际航运中心龙头作用进一步发挥，洋山港四期自动化码头投入运营，舟山江海联运服务中心建设加快推进，武汉长江中游、重庆长江上游航运中心建设取得积极进展，长江经济带所有海关已实现通关一体化。船型标准化取得积极进展，武汉至洋山江海直达1140集装箱示范船投入运营。2018年长江干线年货物通过量达26.9亿吨、增长7.6%。

综合交通网络加快完善。铁路建设加快推进，铁路网络布局不断完善，营业里程达到3.9万千米；2018年高铁通车里程比2015年新增4300千米，长江经济带约71%的地级及以上城市通高速铁路。公路网络进一步完善，沪蓉、沪渝、沪昆、杭瑞等高速公路全线贯通，2018年高速公路通车里程比2015年新增8000千米，约95%的县级及以上城市通高速公路，44个高速公路“断头路”项目中5个建成通车、21个开工建设。机场枢纽作用明显提升，实施上海浦东、昆明长水、重庆江北、长沙黄花、武汉天河、贵阳龙洞堡等枢纽机场改扩建，以上海浦东机场、虹桥机场为核心的长三角世界级机场群加快建设，湖北鄂州货运机场开工建设。

多式联运服务实现新提升。大力发展铁水联运，加快长江干线港口铁水联运设施联通，打通铁水联运“最后一公里”。2018年7月，推动长江经济带发展领导小组办公室印发《推动长江干线港口铁水联运设施联通的行动计划》，重点推进长江干线14个重点铁水联运设施联通项目，湖南岳阳港城陵矶松阳湖铁路专用线、湖北阳逻港二期工程、四川宜宾港集疏运中心、重庆万州港新田港区进港铁路专用线4个项目已开工建设，其余10个项目正在推进前期工作。长江通关一体化改革成效显著，实现口岸、运输方式、商品全覆盖，海关直接放行报关单量达85%以上。推进关检直通，关检合作“三个一”已全面推广至所有直属海关和检验检疫部门，上海国际贸易“单一窗口”3.0版上线运行，区域通关一体化成效显著。

七、共抓大保护形成强大合力

共抓大保护体制机制逐步健全。制定《关于以问题为导向建立长江经济带共抓大保护工作推动新机制的指导意见》，狠抓长江经济带生态环境突出问题整改。印发《长江经济带发展负面清单指南（试行)》，坚决把最需要管住的岸线、河段、区域管住，坚决把产能严格过剩、污染物排放量大、环境风险突出的产业管住。建立健全国土空间管控机制，划定沿江11省市生态保护红线，面积54.42万平方千米，占长江经济带国土面积25.47%。流域生态补偿机制探索初见成效，云贵川3省就赤水河流域、浙皖两省就新安江流域签署横向生态补偿协议，浙江、安徽、江西等相继建立省内生态补偿机制。三峡集团、中国节能环保集团、国家电网公司等央企和国家开发银行、农业发展银行等金融机构积极参与共抓大保护工作。

强化监督管理推动铁腕治江。针对长江生态环境违法犯罪量大面广的问题，印发《关于进一步加大力度打击污染长江违法犯罪行为的通知》，要求沿江省市始终保持零容忍高压态势，严厉打击污染长江违法犯罪行为。有关部门建立长江经济带生态环境行政执法与刑事司法衔接机制，实现案情通报、案件移交、联合办案、案件咨询等无缝衔接。加快《长江保护法》立法进程，该法已列入十三届全国人大常委会立法规划一类项目。

上中下游协同发展有效推进。建立了长江经济带“1+3”省际协商合作机制，“1”即长江经济带11个省市的协商合作机制，“3”即上游、中游、下游3个区域的协商合作机制，由此解决区域间经济协调发展等问题。2019年，已在生态环境联防联控、基础设施互联互通、公共服务共建共享等方面取得一批合作成果。长江下游3省1市率先建立“三级运作、统分结合、务实高效”的合作协调机制，长江上游重庆、四川、贵州、云南4省市签署《关于建立长江上游地区省际协商合作机制的协议》，中游江西、湖北、湖南三省签署《关于建立长江中游地区省际协商合作机制的协议》，推动长江经济带发展形成了多层次的协商合作机制架构，并在落实工作部署上取得一定成效。上海、江苏、浙江、安徽3省1市的人大常委会分别通过各自省市的《关于支持和保障长三角地区更高质量一体化发展的决定》，首次在一个区域内各省级人大同步作出支持和保障国家战略实施的重大事项决定，这对完善长江经济带省际协商合作机制，实施更加有效的区域协同一体化发展具有示范引领意义。

综上所述，推动长江经济带发展已取得积极进展，长江经济带已成为新常态下支撑我国经济社会生态全面发展的重要支撑带，对推动经济高质量发展的作用越发明显。但是，新时代新形势下，长江经济带发展还面临哪些问题挑战？应对举措是什么？值得我们探讨。

第二章　长江经济带高质量发展面临的诸多挑战

一、生态环境形势依然严峻

习近平总书记高度重视长江经济带发展这一国家级重大战略。早在2016年，习近平总书记在重庆市召开推动长江经济带发展座谈会时明确强调：长江是中华民族的母亲河，也是中华民族发展的重要支撑；并指出，推动长江经济带发展必须从中华民族长远利益考虑，走生态优先、绿色发展之路。而如今，长江生态系统仍面临着严峻挑战，我们必须重视并化解相关问题。

长江经济带生态为何如此重要？众所周知，长江是我国第一大河，世界第三长河，自西向东横贯我国中部，流域面积180万平方千米，约占全国总面积的1/5。长江经济带森林资源丰富、水资源充裕、生物种类繁多，是我国生态文明建设的重要支撑带，构成我国生态文明建设的“绿色脊梁”。2018年数据显示，中国40%的可利用淡水资源在长江流域，流域内渔业资源丰富，淡水渔业产量约占全国60%。截至2015年年末，国家级和省级自然保护区有1087个；国家级和省级自然保护区面积为1778.8万公顷，湿地面积约为1154.3万公顷，森林面积约为8466.1万公顷，森林积蓄量为531041.23亿立方米，所占全国比重分别为39.67%、21.53%、40.76%、35.08%，高于长江经济带国土面积占全国比重的21.23%；森林覆盖率为41.53%，远高于全国平均水平21.63%。

就是因为长江流域得天独厚的天然优势，习总书记在考察期间指出，长江拥有独特的生态系统，是我国重要的生态宝库。近几年，有关部门和沿江11省市针对长江经济带生态环境保护做了大量工作，多项指标有了明显改善，但形势依旧严峻，生态系统仍面临着严峻的挑战。

（一）粗放发展方式致使资源浪费严重

1. 水资源利用浪费

截至2014年，长江流域可利用淡水资源约2827亿立方米，占全国近40%，然而，长江沿岸工农业用水量巨大，万元工业增加值用水量约为全国平均水平的2倍。

2. 土地资源利用浪费

截至2015年，长江流域耕地资源总面积达6.7亿亩，占全国耕地总面积的33.4%，其中，水田3.3亿亩，占全国的66.1%，但带内国土开发强度平均为7%。随着城市面积不断扩大，农业用地被大量侵占，严重威胁耕地安全和粮食安全。

3. 矿产资源利用浪费

长江经济带有 34 种矿产，储量占全国储量 50% 以上，离子吸附性稀土、钒、钛、磷的储量占全国储量 80% ~90%，其中，原生钒铁矿储量占全国总储量的 97.79%。然而，带内金属矿产尾矿利用率仅为 10% 左右，远低于发达国家 60% 的利用率。由于过度开采，带内老矿山和近地表矿产资源逐步枯竭。在国家发改委公布的三批 69 个资源枯竭城市中，长江经济带内 25 个城市在列，占总数的 36%。

4. 能源资源利用浪费

长江流域页岩气资源可开采量达 15.5 万亿立方米，占全国总量的 62%。但长江经济带能源资源综合利用效率仅为 33% 左右，比国际先进水平低近 10%。

（二）环境污染仍较严重

1. 水污染问题尤为严重

仅就长江排污而言，长江接纳的废水量位居全国七大流域首位，早在 2012 年，排入长江的废水已接近 400 亿吨，总量几乎相当于黄河一年的水量，其中大部分是工业废水。目前，超过 600 千米的长江边岸污染带已经形成，其中有毒有害物质含量高达 300 余种。长江 60 余个主要湖泊中，80% 存在严重富营养化现象。五大淡水湖存在不同程度的水体富营养化，太湖、巢湖、洞庭湖水质已恶化为劣Ⅴ类，长江流域整体水质恶化的风险不断加大。

2. 空气质量不容乐观

长江经济带聚集着全国30%的石化产业和40%的水泥产业，空气污染不断加重。2014年，长江经济带废气中主要污染物二氧化硫、氮氧化物和粉尘排放量共为1825.2万吨，占全国总量的31.5%，2015年更是达到35%。

3. 土壤污染不可忽视

2014年的《全国土壤污染状况调查公报》显示，长江三角洲区域土壤污染问题突出，涉及长江流域的西南、中南地区土壤重金属超标范围较大。长江经济带6.7亿亩耕地中，2.2亿亩存在不同程度的土壤污染。我国主要酸雨地区8成分布在长江经济带。

4. 垃圾污染顽疾难除

长江沿线固体废弃物未经处理，直接入江使得长江漂浮垃圾成灾。据相关部门统计，长江沿线某一地区2008—2014年累计打捞漂浮垃圾近29992.8吨。

（三）生态系统退化明显

1. 森林面积大幅下降

长江上游地区森林覆盖率已由20世纪50年代初的30%～40%，下降到目前的10%左右，整个流域原始植被减少85%。

2. **湿地面积锐减**

围湖造田、填湖造陆使长江中游地区的湖泊面积由1950年的17198平方千米减少到现在不足6600平方千米，我国第一大湖鄱阳湖更是由5200平方千米萎缩至现在的2399平方千米。

3. **生物多样性减少**

由于三峡大坝等水利工程设计修建中忽视生态系统完整性，致使长江中鱼类等生物栖息地遭受破坏，水生生物的数量和种类不断减少。调查显示，2003—2012年长江中下游平均渔获量较1996—2000年下降41%，“四大家鱼”减少94%；白鳍豚、中华鲟等濒危物种难觅踪迹，长江江豚也仅剩1000余头，比1997年减少75%。

4. **水土流失加重**

带内地震、滑坡、泥石流等自然灾害频发，自然因素、人为因素造成的水土流失逐年加重。

二、长江上游生态屏障建设滞后

长江上游是整个长江的根基，保护长江必须首先保护长江上游地区。长江上游从长江发源地各拉丹冬雪山到湖北宜昌段，全长4511千米，流域面积105.09平方千米，占长江流域面积的58.9%，其干流流经青海、西藏、四川、重庆、云南、湖北6省

（区、市），支流遍及甘肃、陕西、贵州3省，区内有200多个国家级贫困县。长江上游地区是一个十分特殊的地域空间，既是我国重要的生态屏障区，又是少有的资源富集区；既关系国家的生态安全，又关系国家的经济安全；区内既有国家主体功能区规划的重点开发区，又有地震灾后重建区和深度贫困聚集区，肩负着经济加快发展、保障国家生态安全、灾后恢复重建和脱贫攻坚的多重任务。长江上游生态屏障建设关系长江全流域的生态安全，关系国家的生态安全，关系整个中华民族的长治久安，也是全世界关注的焦点。

西部大开发战略实施以来，国家十分重视长江上游生态环境保护，并已取得了较好的成绩，但仍存在着一定的问题。习近平总书记指出："要把修复长江生态环境摆在压倒性位置，共抓大保护，不搞大开发。"这是习近平主席从全局出发、从长远考虑，对推进长江经济带建设提出的重要要求。进入新时代，长江上游地区处于更加重要的地位，需要将长江上游生态屏障作为具有世界影响的生态安全工程，整体设计、整体规划、整体建设、整体打造。特别是像处于长江零公里处的"万里长江第一城"四川宜宾这样的重点地区，更应当重点关注，推动其在筑牢长江上游生态屏障的实践中发挥重要作用。

建设长江上游生态屏障是国家生态安全的重要战略部署，已实施十余年之久，但至今仍没有一个系统、完整的规划，导致建设效果不尽如人意。原因主要有以下几个方面。

（一）缺乏专门的规划与部署

官方关于长江上游生态屏障建设的资料、数据与信息很少，这一重要战略任务落到了何处、由谁来负责与执行，都没有明确，在政府考核目标中只有生态环境建设的内容，没有生态屏障建设的内容。“长江上游生态屏障”在众多的文件、领导讲话中频繁出现，但就是找不到具体落实的规划、政策和项目。国家和长江上游各省（区、市）提出了建设长江上游生态屏障的战略任务，却没有专门对长江上游生态屏障建设进行系统规划与设计，也没有专门的领导机制、工作机制、考核机制、补偿机制和激励机制来推动，因而，长江上游生态屏障建设的目标体系、工程项目、建设举措与政策配套是不完善的。

（二）管理主体不清晰，各自为政，缺乏统筹协调

长江上游生态屏障建设是一个跨9省（区、市）的系统工程，既需要从国家层面来统筹协调，也需要9省（区、市）的通力合作。但在实践中，从国家到地方，长江上游生态屏障建设的管理主体不明确，由于缺乏长江上游生态屏障建设的管理机构和协调机构，各省（区、市）各自为政，按照自己对长江上游生态屏障的理解来布置工作，很少从整个长江流域的角度对长江上游生态屏障建设进行分工合作。从省（区、市）内部来看，由于长江上游生态屏障建设任务不明确，缺乏统一指挥与管理，只能根

据本地区生态环境建设任务，由过去的林业局、环保局、水利局等部门分别负责，这样又会导致职能部门各自为政，从而削弱了长江上游生态屏障建设的战略地位。

（三）考核评价机制缺失，难以判断和衡量建设成效

长江上游生态屏障的建设进行了这么多年，却没有权威机构对其建设成效进行追踪和评估，也没有一套科学的评价体系来衡量长江上游生态屏障建设的成效。由于建设长江上游生态屏障的总体目标与阶段性目标没有清晰界定，难以衡量长江上游生态屏障建设的投入产出比，更难以判定长江上游生态屏障的建设进度。

（四）建设进程缓慢

长江上游生态屏障是一个复杂的巨大系统，长江上游生态屏障建设是一个巨大的系统工程，长江上游地区是一个肩负多重任务的特殊地区。在实践中，忽视这一特殊区域空间分异、功能交叠、任务多重的特征，将建设长江上游生态屏障独立于这些任务之外，用单一的生态环境建设措施去解决一个庞大的、复杂的、涉及多方利益主体的可持续发展问题，是不可取的。同时，由于建设长江上游生态屏障的激励与补偿机制不到位，长江上游生态屏障建设资金在使用上过于分散等原因，长江上游生态屏障建设没有取得预期效果，进展缓慢。

（五）生态补偿问题难以有效解决

长江流域生态环境不容乐观。习近平总书记指出，长江经济带生态环境形势依然严峻，流域生态功能退化依然严重，长江“双肾”洞庭湖、鄱阳湖频频干旱见底，接近30%的重要湖库仍处于富营养化状态，长江生物完整性指数到了最差的“无鱼”等级。沿江产业发展惯性较大，污染物排放基数大。长江岸线、港口乱占滥用、占而不用、多占少用、粗放利用的问题仍然突出。流域环境风险隐患突出，2018年长江经济带内30%的环境风险企业位于饮用水源地周边5千米范围内。干线港口危险化学品年吞吐量达1.7亿吨，运输量仍以年均近10%的速度增长。固体危废品跨区域违法倾倒呈多发态势，污染产业向中上游转移风险隐患加剧等。2019年两会上，生态环境部部长李干杰指出，当前面临的环境问题依然严峻，很多问题触目惊心，长江真的“病”了，而且“病”得还不轻。

长江流域生态环境保护不到位，原因是多方面的：首先，有认识层面的问题，如仍然抱着先污染后治理的旧观念，对共抓大保护的重要性认识不足。其次，有法律、制度层面的问题，如长江保护法治进程滞后，生态环境违法成本太低；生态环境硬约束机制尚未建立；生态补偿机制建设进展缓慢；环保在政绩考核中权重太低等。再次，有经济层面的原因，如如何处理经济发展与生态环境的关系？怎么解决生态环境保护修复项目需要投入大量资金的问题?

从国家和地方的生态文明建设战略来看，认识问题不是主要问题，缺少资金等问题的客观存在对于长江上游生态屏障区域来说，更加突出。

1. 长江上游生态屏障区域经济发展较为落后

2018 年，青海、西藏、四川、云南、贵州 5 省（区）的人均 GDP 都排名靠后，低于全国平均水平，这意味着：①长江上游地区经济发展问题较为紧迫，老百姓要就业、要增加收入，这关系到社会稳定，这些地区更有可能在发展中走粗放、牺牲生态环境的路子；②上游地区拿不出足够资金来解决生态环境问题，有心无力；③上游地区承接发达地区产业转移，使得产业污染也向长江上游转移；④环保意识较为落后，很多地方依然存在靠山吃山的老传统，乱砍滥伐，粗放进行采石、采矿、采煤等。

2. 长江上游生态屏障区域多属限制开发区或禁止开发区

按照国家主体功能区定位，长江上游生态屏障区域是农产品主产区、重点生态功能区（水源涵养型、水土保持型、防风固沙型、生物多样性维护型），属限制开发区域；一些地方是自然保护区、风景名胜区、国家森林公园、国家地质公园等，属禁止开发区。要划定生态保护红线、永久基本农田保护红线、城市开发边界、河流绿化控制带，加强空间管控等。长江上游区域限制及禁止开发区占比大，青海 90% 的面积为禁止或限制开发区域，这对产业布局、城市布局以及开发成本是有影响的。这些区域发展原本落后，加之各种生态管控会在一定程度上限制其发展，生态保护和发展需要的矛盾是客观存在的。

3. 关停或技改流域污染企业困难较大

在发展早期阶段，选择沿江沿河进行产业布局是符合经济学基本规律的，一是降低物流成本，物流的水运成本最低，二是降低工业用水和排污成本。现在对生态环境保护要求更严，而这些产业“尾大不掉”，关停或技改难度大是客观存在的：①这些企业是地方纳税大户，地方政府主动关停意识不强。②企业技改需要投入大量资金，地方政府及企业面临资金困难及技改成本上升可能导致企业陷入亏损等问题。③关停需要妥善安置职工，否则容易滋生不稳定因素。对这类污染企业，地方政府关停或技改积极性、主动性不够。

三、长江流域生态环境特大污染事故警钟长鸣

2019 年 3 月，响水化工厂发生爆炸事故，并波及周边 16 家企业，造成 78 人遇难，近 600 人住院治疗，其中危重伤员 13 人、重症伤员 66 人；对空气、水质产生较大影响，并造成严重经济损失。之后，又有几起化工事故发生。目前，我国的化工产业规模已经位居世界第一，同时我国整体的化工安全技术水平和管理能力却比较低，而化工产业又是事故易发产业，毋庸讳言，较多地方的化工事故被瞒报了，被披露的事故数量可能远低于实

际发生数量。当前阶段，我们必须对“化工安全”问题警钟长鸣。

“响水化工厂爆炸”敲响长江流域防范生态环境特大污染事故的警钟。第一，事故损失惨重。猛烈的爆炸，剧毒的苯烟，炼狱般的场景。第二，事发长江流域。爆炸工厂位于长江流域的江苏省，从南京市顺长江而下，沿岸有国家级化学产业园 4 家，省级化学工业园 6 家，另有市级化学工业园近 30 家。在江苏省境内，往往走不了几十千米，便会发现几个化工园区。第三，事关园区企业。特别需要高度警惕的是事发企业符合沿海、化工园区内布局的要求。把密集配置在长江流域的重化工业，逐步转移到沿海地区的产业集群中配置，集中处理污染，曾被认为是处理污染问题的好办法。响水化工厂爆炸企业距离海岸仅 10 多千米，且位于非中心城市，人口密度相对较低，根据响水县通报，园区爆炸损坏不少农房，所以算不上“化工围城”。这样的空间布局基本符合专家认同的“沿海、化工园区、远离中心城市区域”，然而仍然发生如此惨烈事故，应该更加深入反思既有思路，深刻吸取教训，避免化工厂布局出现路线图错误的严重问题，加倍警惕防范此类事故。

业界认为把密集在长江流域等地的重化工业逐步转移到沿海化工园区，是集中处理污染、防范风险的好办法，然而，近期频发的化工安全事故敲响长江经济带“化工安全”警钟。实践表明，入园、靠海不是解决长江经济带“化工围江、化工围城”的最佳措施，仍面临重大风险。原因有以下几方面。

（一）化工行业“香饽饽”遇到生态环境安全“大风险”

化工行业作为重化工业阶段的主要支柱，产值高、税收多，是 GDP 及财政收入的重要来源，一直以来都是各地争抢的“香饽饽”。但是目前来看，中国的化工企业大多依水而建，在沿江、沿河地带，各种化工项目星罗棋布。近年来，安全事故和污染事件频发，迫使化工园区不得不重新考虑该如何同城市和谐相处。事实上，中国化工园区兴建始于 20 世纪 90 年代初，2000 年后，其建设速度明显加快，化工厂爆燃和环境污染的重特大事故也进入高发期，政策规制措施力度不断加码。例如，2018 年山东省一年关停并转移 4000 家化工企业，退城入园破解“化工围城”。

（二）化工产业密集度高

虽然长江经济带在“化工围江、化工围城”问题的解决上取得了一定的成效，但是，目前整个长江经济带的化工产业密集度仍很高。长江流域占了全国 5 大化工群带中的两席，分别是以上海市、南京市、苏州市等为中心的长三角石油化工区和以四川省、重庆市等为中心的天然气化工区。长江流域还分布着 5 大钢铁基地、7 大炼油厂。化工产业对长江岸线的侵占也比较严重，例如，长江沿岸在南京市到上海市的较短距离内，就有 8 个大型临港化工区；除此以外，江苏省的能源重化产业 80% 集中在长江沿岸，长江经济带其他省份也基本如此。

（三）化工产业仍存在恶性发展

虽然大家都知道长江经济带的生态环境问题定位极高，但是，带内的化工产业仍存在着恶性发展的现象。一些地方政府仍然看重经济增长指标，对环境保护的重要性较多地挂在口头上或者宣传上。在招商引资上，无视环保问题，积极引入产值大、利税高、发展带动效应强的能源重化工业，以及其他污染较为严重的企业。在污染防治上，对纳税多、产值大的企业开绿灯。生态环境部对污染企业进行查处、上面领导出面调解的现象时常发生。也有基层干部反映，落实长江大保护，归根结底要从源头上截污控污，而行政级别更高、话语权更大的大型企业落实主体责任不力，当地领导也无能为力。

（四）化工园区难保万无一失

2010 年 12 月 11 日，环境保护部（现生态环境部）的有关数据显示："全国总投资近 10152 亿元的 7555 个化工石化建设项目中，81% 布设在包括三峡库区、南水北调输水干渠沿线在内的江河水域和人口密集区等环境敏感区域，其中 45% 为重大风险源"。这仅是冰山一角。据统计，我国长江沿岸一度有 40 余万家化工企业；此外还分布着 5 大钢铁基地、7 大炼油厂，以及上海、南京、仪征等石油化工基地。化工产业对于长江岸线的侵占，在下游尤其明显。仅南京市到上海市，长江沿岸就有 8 个大型临港化工区；江苏省苏州市下属各区更是建起 9 家大型化工园区，每个园区内又有大大小小数十家化工企业。为破除危局，江苏省计划到 2020 年年底前，全省化工企业数量大幅减少，化工行业主要污染物排放总量大幅减少，化工园区内化工企业数量占全省化工企业总数的 50% 以上；湖北省更是要求 95% 以上的石化企业集中在化工园区。然而即便如此，特大灾害也并没有远离，此次响水特大爆炸事故表明，化工园区也难保万无一失。

（五）化工事故是环境、生态的双重灾难

化工厂特大事故一旦发生，不仅直接损失惨重，而且环境、生态损失亦相当严重。响水化工厂特大爆炸事故苯胺类浓度超标 39 倍，生态环境部工作组认为，关键是防止废水流入黄海。事故发生地距离最近的灌河河道不足 2 千米，距离灌河入海口仅十多千米，事故中产生的污染废水一旦进入灌河，将会产生严重后果，因此，处置工作的关键在于坚决防止污染废水进入灌河进而污染黄海，必须第一时间截断园区入灌河排口。工作组对化工园区内新民河、新丰河和新农河三条流入灌河河渠进行封堵，通过筑坝拦截的方式，在园区内形成约 3.5 平方千米的封闭圈，防止污染废水向南部河网扩散。此外，江苏省盐城环境监测中心 2019 年 3 月 21 日 18 时 40 分于爆点下风向 3500 米（海安集敏感点）监测结果，二氧化硫浓度 28.5mg/m^3，氮氧化物浓度 86.9mg/m^3，分

别超出《环境空气质量标准》（GB 3095—2012）二级标准的 57 倍和 348 倍。

（六）长江上游特大污染将波及整个下游

由于流域的特殊性，上游特大污染不可避免地会波及整个下游。沿长江干流建设化工企业是我国相当长一段时期的标准做法，甚至可以说，长江流域一些江段岸线已完全饱和，被化工项目占满。一旦出现重特大事故，必然严重危害整个下游地区。甚至，上游化工厂特大污染可能对长江流域好不容易修复的生态造成毁灭性影响。

四、区域发展不平衡、产业转型升级任务艰巨

长江经济带是我国国土空间布局的重要轴线，通过与“一带一路”倡议结合，打破了中西部地区长期封闭的结构，形成我国海陆双边对外开放的新格局。深入分析长江经济带上中下游的产业空间分布，为产业布局优化提供方向性指导，不仅对沿江地区实现产业合理布局有重大意义，更是推动我国经济由梯度形态向均衡形态发展、实现经济全面升级的重要保证。本书通过对长江经济带进行产业发展梯度分析，确定各省市的优势产业和重点承接领域，指出亟须解决的重大问题，并提出实现长江经济带产业梯度转移承接的相关策略，为长江经济带产业空间优化升级、要

素资源合理配置和自由流动提供科学依据及参考。

长江经济带产业结构自东向西呈梯度分布。改革开放以来，我国产业布局经历了从均衡发展到非均衡发展的转变，经过40多年的快速发展，我国经济在全国范围内呈现出自东向西梯度分布。长江经济带各地域基于自身区位条件、所处经济发展阶段差异，初步形成了产业布局的地域分工。总的来说，长江下游步入城市群发展的高级阶段，区域内部协调分工体系相对完整，加工业、轻工业比重较高，技术和资金密集度较高；中游工业发展水平大幅提高，原料工业和重加工工业较为突出；上游拥有丰富的矿产资源，工业结构以采掘业为特色，但中上游城市之间同质竞争特征较为突出，依然处于城市群发展的初级阶段。长江经济带上中下游不同类型产业梯度势差明显，已经具备了产业转移的基础条件。

长江经济带初步形成优势产业或特色产业。农业方面：长江经济带是我国重要的粮食产区，包含了以双季稻为主的优质水稻产业带、以弱筋和中筋小麦为主的优质小麦产业带以及优质棉花产业带和“双低”优质油菜产业带。制造业方面：各省市已初步形成各自的优势产业。上游地区，四川省在食品饮料、装备制造、能源化工产业优势明显；重庆市在工艺品业、交通运输设备制造业优势明显；云南、贵州两省在烟草制造业具有比较优势。中游地区，湖南省在专用设备制造业、家具制造业优势明显；湖北省在非金属矿采选业、食品加工和制造业优势明显；江西省在有色金属冶炼及压延加工业、有色金属矿采选业具有比较优势。下游地区，安徽省在废弃资源和废旧材料回收加工业、电气机械及器材制造业优势明显；上海市在纺织业、化学纤维制造业等多个行业具有产业优势；江苏、浙江两省在大部分制造业的产值均排名前三位，综合优势明显。服务业方面：上海市集聚了大量生产性服务业，构成了辐射长三角城市群的基础；重庆市在批零、交运仓储、住宿餐饮等生产性服务业具有比较优势；成都市在信息传输软件和信息技术服务业领域优势明显，宜宾市在商贸物流方面具有比较优势。

但是，长江经济带产业发展仍面临以下五大阻碍。

（一）各区域发展程度不均衡

长江经济带横跨我国地理三大阶梯，资源、环境、交通、产业基础等发展条件差异较大，地区间发展差距明显。2018 年年底数据测算显示，下游的上海市、江苏省、浙江省、安徽省分别在 28 个、14 个、24 个、18 个制造业产业具有比较优势；中游的湖南省、湖北省、江西省分别在 14 个、18 个、18 个制造业产业具有比较优势；上游的四川省、重庆市、云南省、贵州省分别在 10 个、9 个、6 个、4 个制造业产业具有比较优势。长江下游地区已经承接了一轮国际制造业转移，相关技术、管理水平与资本已具备相当的国际竞争优势。中游地区在装备制造业与通信设备业优势明显，上游成渝地区在交通运输设备制造业方面具有一定优势，但总体来看，中上游地区仍处于发展梯度的末端，技术水平与附加值依然较低。

（二）区域间经济发展联动性不足

我国实行不平衡发展战略，率先开放发展珠三角、长三角、京津冀等地，后又陆续实行西部大开发、复兴东北老工业基地等发展战略，使得中部内陆出现“经济塌陷”的尴尬境地，“中部崛起战略”尚未取得显著成效。由于过去的政策倾斜，加之工业在下游沿线城市集聚，导致下游地区缺乏技术创新的动力，并且下游地区依靠长期以来积累的资金、技术和人才优势对中游地区产业发展空间进一步挤占，制约了加工业沿长江向中上游转移的趋势。上游地区因资源丰富，在煤炭、黑色金属、有色金属采选业上具有相对优势，但受制于地形条件，上游地区在交通基础设施和相关生产性服务业等方面发展较差，承接产业转入能力较弱，短时间内难以引入和培育较为合适的接续产业。

（三）区域内产业结构趋同

尽管区域间产业差异明显，但各区域内产业结构明显趋同。具体来说，上游产业集中于煤炭开采和洗选业等；中游产业集中于黑色金属矿采选业、非金属矿采选和制造业、食品加工制造业、木材加工业、有色金属冶炼及压延加工业等；下游产业集中于纺织业、石油加工业、化学原料业、医药制造业、金属制品业、通用设备制造业、交通运输设备制造业、通信设备业、废弃资源和废旧材料回收加工业、电力热力燃气生产和供应业等。产业遍地开花，带来了恶性竞争和产能过剩，企业规模在低效率基础上趋向小型化、分散化，造成分工效益和规模效益双重损失，浪费现象严重。

（四）过度开发导致生态严重超载、环境污染严重

城市无序扩张、环保设施严重滞后，导致生态承载能力严重超载、城镇生态功能低下、人居环境恶化。2016 年《国家环境状况公报》与《中国水资源公报》显示，长江经济带集聚了全国 29.8% 的工业固体废物、34.6% 的二氧化硫、32.2% 的氮氧化物和 44.3% 的废水排放。下游水污染突出，地下水超采严重，形成了大范围地下水漏斗，二氧化硫和化学需氧量排放超过环境容量。中游的湘江流域污染比较严重，大部分地区二氧化硫和化学需氧量排放超过环境容量。上游城市大气环境质量总体一般，部分河段化学需氧量排放存在超载，一些地区二氧化硫排放超过大气环境容量。

（五）产业转型与结构升级难

目前，长江经济带集中了较多高耗能、高排放的重型化工业，包括硫酸、化纤、农药原药等行业，产值超过了各自行业全国产值的 55%（其中化纤超过了 80%），此外还有大量的机械、

冶金、汽车制造、服装加工等行业。这些传统行业需要大量的资金、技术进行升级改造，其专用性资产及产品升级改造十分困难。

五、主体功能区划不清晰导致产业同构严重

如何破解习近平总书记提出的无序低效竞争、产业同构等问题，根本的建设思路是科学界定和编制各个地方的主体功能，各个地方按照各自的比较优势、发展基础、战略突破条件确定最优的发展模式。由于各个地方的比较优势、发展基础、战略突破条件不同，各自最优模式也不会相同，这样就能够规避地方间较为严重的问题——无序竞争、产业同构、重复建设、分散投资等。

有关长江经济带功能区划和发展定位的规划与研究并不少，比如国家出台的《全国主体功能区规划》《全国生态功能区划》《长江经济带发展规划纲要》等规划。这些规划对促进长江经济带发展发挥了重大作用，但同时在精准发展定位、实际发展操作等方面尚缺乏针对性更强的指导。

（一）既有规划对保护与开发的关系没有给出明确的界定

2011 年《全国主体功能区规划》发布，根据不同区域的资源环境承载能力、现有开发密度和发展潜力，统筹谋划未来人口分布、经济布局、国土利用和城镇化格局，将国土空间划分为优

化开发、重点开发、限制开发和禁止开发4类。这四类空间也覆盖长江经济带，然而，长江经济带各个地方直接套用四类开发，保护与开放的界限仍不明确。比如限制开发区应该开发什么，开发到什么程度，有关负责机构均不清楚。环境保护部（现生态环境部）和中国科学院2008年发布《全国生态功能区划》，而后以2016年完成的《全国生态环境十年变化（2000—2010年）调查评估报告》为基础，对《全国生态功能区划》进行修编，在生态保护工作中发挥了重要作用。新修编的《全国生态功能区划》包括3大功能共9个类型：生态调节功能包括水源涵养、生物多样性保护、土壤保持、防风固沙、洪水调蓄5个类型；产品提供功能包括农产品和林产品提供2个类型；人居保障功能包括人口和经济密集的大都市群和重点城镇群2个类型。长江经济带也包括在《全国生态功能区划》之中，但基于生态如何推进发展，以及生态与开发的关系等问题没有梳理清楚。

（二）现有研究对科学发展的内在逻辑缺乏精准而清晰的认识

除了国家公布的重大规划之外，也有不少专家、学者对长江经济带主体功能区进行研究，比较典型的研究成果是把长江流域划分为提升发展区、转型发展区、优先开发区、重点培育区、一般发展区、农业发展区、生态保护区和严格保护区共8种类型。这种分类被认为比《全国主体功能区规划》中发布的优化开发、重点开发、限制开发和禁止开发4类更细致。另外，《全国主体功能区规划》中的4类划分之间缺乏必要的中间过渡类型，而且对农业发展重视不够，缺乏农业发展主体功能区域类型。然而，功能区划分的目的主要是为不同的区域找到科学的发展定位，进而实现科学发展。现有的研究对科学发展的内在逻辑挖掘不够，而且没有抓住生态与发展间的关系，因而，难以对功能区的科学定位和发展，形成坚实的理论支撑和政策支撑。

六、区域协调机制不健全

长江经济带是我国空间经济格局极其重要的组成部分，沿江11省市国土面积超过全国的20%，产业门类齐全，资源丰富，是中国未来经济发展的重要增长极。但是，受国内外政治经济形势、生态环境、资源条件等因素的制约，长江经济带进一步发展面临着前所未有的严峻挑战。深入研究分析长江经济带面临的各种难点问题，有针对性地提出对策建议，对推进长江经济带高质量发展具有重要的现实意义。

习近平总书记对长江经济带的发展提出了新的要求，强调要把生态环境建设摆在压倒性的地位，要“共抓大保护、不搞大开发”。推进长江经济带的高质量发展必须以生态环境的保护与重建为前提，当前长江经济带高质量发展主要面临以下难点问题。

（一）区际利益协调与合作难

区域差异大，区际利益协调与合作难。长期以来，跨省合作一直是长江经济带发展的一大难点。沿江 11 省市经济发展水平差异大，既有发达的长三角区域，也有欠发达的川滇黔地区，甚至还有连片的贫困地区。不同区域的功能区划不同，发展任务和目标也不同，加之不同区域有着不同的利益诉求，跨区协调与合作难度较大。

（二）推进高质量发展的合力形成难

在生态保护与经济发展问题上，政府、企业、居民之间存在分歧，推进高质量发展的合力形成难。长江经济带的高质量发展需要社会各方积极参与，这既涉及中央政府和地方政府之间、地方（省、市、县）各级政府之间相关事权、责任、财力之间的合理划分，也涉及政府与企业、居民之间对生态环境治理与保护责任的划分。从目前情况看，各级政府、各类企业以及居民要形成统一认识的合力还很难。

（三）资源的空间合理配置与优化难

历史遗留的地方保护主义和市场分割妨碍了要素流动，资源的空间合理配置与优化难。由于沿江 11 省市涉及的地方政府和部门繁多，以往各级政府、各个部门出于地方利益或部门利益保护，形成了不少的准入壁垒，阻碍了资本、人员、技术等要素的充分流动，导致区际之间资源的空间配置效率降低，跨区域的产业深度分工和专业化合作难。

七、一体化发展不充分

长江经济带是当前我国经济增长的重要支撑带。如何充分利用其优势，推动长江经济带向高质量发展迈进，对实现“两个一百年”奋斗目标、实现中华民族伟大复兴的中国梦具有重要意义。在新时代，全方位推进长江经济带一体化是落实新发展理念，构建现代化经济体系，实现长江经济带发展战略，打造高质量经济增长带的战略抓手。

长江经济带是我国经济发展的重要战略支撑带，长江经济带发展战略是一项关系国家经济全局的战略安排。其中，提高经济增长质量，实现我国经济高质量发展目标，全方位推进长江经济带一体化是实现长江经济带发展战略的重要战略抓手。

（一）经济一体化释放经济增长潜力、提升增长质量

“经济一体化”的概念是20世纪50年代，由著名经济学家简·丁伯根首次提出。20世纪下半叶以来，区域经济一体化迅猛发展，成为世界经济发展的重要趋势。经济一体化目的是通过消除阻碍经济发展的人为因素，推动商品和要素在地区间自由流

动，创造和谐的空间经济结构。经济一体化既存在于单一国家的各个地区之间，也存在于各个国家之间。经济一体化的核心是开放和分工。开放包括对外和对内开放两方面内容；分工包括所有形式的分工，如产业分工、价值链分工、地区分工等。从实践看，一体化存在三种境界：合作、协调和融合。合作是最简单的一体化，融合是深度一体化。理论上讲，经济一体化存在显著的宏观和微观经济利益。宏观上，经济一体化有助于促进区域经济增长，著名经济学家保罗·罗默认为，如果一体化鼓励利用研究和开发的报酬递增效应，任何一种形式的一体化都可以提高长期增长率。微观上，经济一体化好处包括通过更统一的价格改善居民福利；通过降低交易成本和投资风险改善营商环境；通过扩大市场规模和竞争强化提升规模经济和资源配置效率。从实践上看，欧盟成立后，经济快速发展，形成强大的吸引力，1995—2000 年欧盟内经济增速达 3%。

（二）一体化程度不足制约长江经济带增长潜力充分发挥

改革开放以来，长江经济带已发展成为我国综合实力强、战略支撑作用大的经济带。目前，长江经济带已形成以长三角城市群、长江中游城市群、成渝城市群为核心的三大跨区域城市群，这些城市群集中一批万亿 GDP 城市，全球百强城市、全球百强企业等，集聚了我国现代工业、战略新兴产业的精华，集聚大量的科研院所、高校、企业研发机构，拥有全国 40% 以上的科技人员、半数以上两院院士、45%国家级各类奖项及1/3以上专利拥有量。此外，在这些城市群集中了我国一批现代金融企业、物流企业、港口企业等，拥有上海证券交易所，金融、商品期货交易所，区域性股权交易市场等现代金融基础设施。正是由于长江经济带的特殊地位和潜在的优势，国家将长江经济带发展上升为国家战略。虽然长江经济带具有独特的区位特征和潜在优势，但也存在制约长江经济带高质量发展的“行政区经济”负面效应，主要表现为：①由于“行政区经济”问题，地方“各自为政”的发展导向，经济碎片化明显，市场分割、产业同构、低效竞争等问题突出；②由于“行政区经济”，虽然在长江经济带省市之间存在各种区域合作计划，但这些区域合作计划虚多实少，缺乏推进区域整体发展的具体合作举措。正是由于“行政区经济”负面效应的影响，一定程度上导致经济增长潜力难以充分发挥，因此，全面推进长江经济带一体化发展刻不容缓。

（三）以城市群和都市圈为基础全面推进长江经济带一体化

城市群和都市圈是由空间上相近、基础设施连接良好、经济社会互动频繁的大城市、中小城市和市郊地区有机组成的地理空间结构。便捷的交通和通信网络，没有使城市之间分散，反而促进了更高层次的聚集和空间再组织，并通过城市和区域之间的协同分工，让这些城市群和都市圈成为全球经济的增长极。城市群的本质就是打破行政区划的束缚，通过人口和经济在空间上的集聚和扩散，在更大范围内优化生产要素配置，形成专业化分工和协作，优化经济布局。现代经济增长动力主要来自城市经济发展中的人力资本、创新和企业家精神。随着中国经济迈向以效率和质量驱动发展的新时代，作为中国经济的重要战略支撑带，长江经济带各省市需要适应时代发展的变化，正确处理自身发展和整体发展之间的关系，转变发展观念，在新的发展理念指引下，依托长江“黄金水道”和现代化铁路、高速公路和航空交通网，以城市群和都市圈为支点，通过改革创新，强化城市群之间产业链、价值链分工，全方位推进长江经济带一体化进程，打造有机融合、高效的长江经济增长带。

八、长江上游城市群经济区战略意义没有凸显

本书提出规划建设的“长江上游城市群经济区”是指由长江上游的成渝城市群、黔中城市群和滇中城市群及相关毗邻地区共同构成的跨省级行政区的经济区域，简称“上三角经济区”。当前，启动“长江上游城市群经济区”规划建设极为重要。

随着长江上游地区交通基础设施不断完善，特别是连接成渝城市群、黔中城市群和滇中城市群高速铁路和高速公路网络体系的建成，三大城市群之间相互融合发展，正在催生出一个统一的“长江上游城市群经济区”。但无论是国家区域发展规划，还是四川省、云南省、贵州省和重庆市的省市级区域发展规划中，都还

没有把3个城市群经济区纳入统一的发展规划中，不利于推动长江经济带的长远发展，也不利于西部大开发和“一带一路”倡议建设目标的顺利实现。

规划建设“上三角经济区”是新时代推进我国区域经济协调、均衡发展的需要，也是我国经济发展进入新常态和应对外部贸易战的应有之举，具有重要的战略意义。表现在如下5个方面。

（一）建设“上三角经济区”是推动长江经济带建设的战略举措

长江上游城市群是长江上游的核心地域，也是带动长江上游经济发展的关键区域。在长江经济带建设过程中，长江三角洲城市群经济区（长三角经济区）、长江中游城市群经济区（中三角经济区）已经纳入长江经济带建设的战略规划，但长江上游城市群经济区（上三角经济区）还没有规划并纳入国家长江经济带发展战略中。为了促进长江经济带均衡发展，规划建设“上三角经济区”成为必然选择。

（二）建设“上三角经济区”是促进西南地区区域协调发展的关键之举

长江上游城市群是我国西南地区的核心增长区域，也是西南地区要素集聚的中心地域，具有较强的集聚效应与扩散效应。成渝城市群、黔中城市群、滇中城市群是推动我国西南地区经济持续发展的核心区域。没有长江上游城市群的持续发展，也就没有整个西南地区区域经济的持续发展。

（三）建设“上三角经济区”是西部大开发的延续和新举措

长江上游城市群是我国西部大开发的关键地区，对整个西部地区经济发展具有显著的带动示范效应。规划建设“上三角经济区”不仅能够推动西南地区的经济发展，还有利于国家西部大开发战略在新时代的延续和持续推进，是西部大开发在新时代的重要战略举措，能够与西北地区的关中—天水城市群经济区（关中—天水经济区）规划建设相互配合，形成推动整个西部地区经济发展的双核心增长极的地域联动效应。

（四）建设“上三角经济区”是国家“一带一路”倡议的落实与新拓展

“上三角经济区”是陆上丝绸之路与海上丝绸之路的交汇之处，更是推动“一带一路”倡议的国内腹地。“上三角经济区”作为南丝绸之路经过的主要地区，同时也通过长江黄金水道与海上丝绸之路紧密相连，是丝绸之路经济带与 21 世纪海上丝绸之路建设的交汇地域和广阔腹地，是新时代“一带一路”建设的创新与新拓展区域。

（五）建设“上三角经济区”是全国区域协调发展的新方向与新动能

长江上游城市群与长三角城市群、中三角城市群、珠三角城市群、环渤海城市群、关中城市群、中原城市群、北部湾城市群之间具有联动发展影响效应。跨省级行政区的大规模城市群已经成为推动我国经济发展的核心新兴增长极和主导动能来源，规划建设“上三角经济区”将为新时代全国区域协调发展提供新方向与新动能。

简言之，规划建设“上三角经济区”不仅具有必要性和可能性，而且具有极端重要性，是推动长江经济带建设的战略举措，也是促进西南地区区域协调发展的关键之举，能够为我国区域协调发展提供新方向与新动能。

九、“长江经济带＋自贸区”发展不充分

（一）长江经济带发展已取得瞩目成就

在改革开放的大背景下，长江经济带经过几十年的深度开发，成为我国经济实力强劲的重点区域，但其发展的代价是生态环境被严重破坏。为更好地贯彻改革开放这一基本国策，习近平总书记 2013 年提出长江经济带这一新的发展战略。2019 年，长江经济带建设已取得重大进展，在生态保护、经济发展以及平衡

东中西部差距的问题上已取得瞩目成就。

长江经济带的产业转移和发展在2016—2019年内取得了瞩目成绩。其中国务院印发的《长江经济带发展规划纲要》等一系列顶层战略，让“重生态、谋发展”的理念逐层传达落实，自上而下，形成了最关键的推动力。在“重生态”方面，各省市共召开会议近160次，制定制度290余项，排查2400余项违规违法项目、1400个固体废弃物点、900起违法采砂案件，整改包含造纸、印染、炼焦、农药、电镀在内约2500家“十小”企业，整改非法码头1361座、非法采砂船1541艘，共计治理水土流失面积5.4万平方千米。至此，长江排污和垃圾处理能力提升近20%，空气质量、水质量污染整治总体完成情况较好。在“谋发展”方面，长江经济带沿线建设了81个新型城镇化试点区，提升城市群的中心辐射带动作用和高质量一体化发展。同时，沿江各个行政区域修建多条沿江铁路和高速公路，扩建各地机场，并且以诸如设置政务中心、降低税款、提供法律支持服务等政策的方式为各地新型产业发展，吸引人才流入，鼓励大众创业提供最坚实的基础支撑。截至目前，上海市、武汉市、四川省等多个国家级高新产业区改革试验点的发展，鼓励企业往人工智能、大数据、物联网等新兴产业转型，已将长江经济带新兴产业总产值提高到54%左右。

（二）长江经济带自贸区发展仍需加强

虽然长江经济带“重生态、谋发展”的发展模式近年来取得了一定成绩，但我们仍要认识到长江经济带发展是一项久久为功的工程，这是因为多年发展形成的重工业基石和区域间的不平衡难以在短时间内被铲除。可以说，一些历史原因的存在，导致在长江经济带中，东部发达地区占据大部分生产要素，发展高附加值产业，中部不少地区以粗生产、粗加工、重污染的方式为东部提供支持，而西部地区仍然以输出务工人员和农产品等低层次的方式参与经济建设。在过去，由于中国和世界差距较大，东部发达地区有着足够的发展潜力可以带动整个国家的发展。但随着东部地区越发发达，中国和世界发达国家的差距进一步缩小，东部地区发展已经遇到瓶颈，劳动力聚集优势不复存在，已经难以起到领头羊的效果，长江经济带整体缺乏新动能来引领可持续的绿色创新发展。

党的十九大报告提出："赋予自由贸易试验区更大改革自主权，探索建设自由贸易港。"这将会推动实施新一轮高水平的对外开放，在金融、服务业等领域开放层次更高、力度更大，形成更高程度的资源优化配置，也有助于对接国际贸易投资新规则。2017 年 3 月 31 日，国务院批复成立中国（辽宁）自由贸易试验区、中国（浙江）自由贸易试验区、中国（河南）自由贸易试验区、中国（湖北）自由贸易试验区、中国（重庆）自由贸易试验区、中国（四川）自由贸易试验区、中国（陕西）自由贸易试验区 7 个自贸区。2018 年 4 月 13 日，习近平总书记在庆祝海南建省办经济特区 30 周年大会上郑重宣布，党中央决定支持海南全岛建设自由贸易试验区，支持海南逐步探索、稳步推进中国特色自由贸易港建设。作为内陆地区的经济大动脉，长江经济带也具备探索建立自由贸易试验区集群和自由贸易港的经济、社会和港口等条件。要进一步扩大对外开放，形成强大国内市场，统筹利用好国际和国内两个市场和两种资源，探索建立沿长江经济带自由贸易区集群和自由贸易港试验区是其关键一招。

探索建立沿长江经济带自由贸易区集群和自由贸易港试验区具有重要的战略意义。以供给侧结构性改革为主线，探索建立沿长江经济带自由贸易区集群和自由贸易港试验区，发挥长江经济带的自身优势，大胆探索创新，着力打造沿长江经济带的自由贸易试验区集群、中国特色自由贸易港、全面深化改革开放试验区、国家生态文明试验区、国际贸易中心以及国家重大战略服务保障区，进一步推动长江经济带高质量发展，促进国内统一大市场的形成，推动以长江为纽带的东中西部的协调发展，使得长江经济带成为推动中国经济高质量发展的重要引擎之一，具有重要的战略意义。

探索建立沿长江经济带自由贸易区集群和自由贸易港试验区极具优势条件。首先，其具备良好的经济发展条件。长江经济带覆盖上海、江苏、浙江、安徽、江西、湖北、湖南、重庆、四川、云南、贵州 11 省市，面积约 205 万平方千米，占全国国土面积的 21%，人口和经济总量均超过全国的 40%。长江经济带沿线聚集了我国重要的制造业基地和现代服务业基地，具备建立自由贸易区集群和自由贸易港所需要的多功能和立体化生产、服务、消费和贸易等诸多优势。其次，其具备良好的自由贸易区试验经验和天然优质的海港、内河港和航空港条件。沿长江经济带，已经建立了中国（上海）自由贸易试验区、中国（浙江）自由贸易试验区、中国（湖北）自由贸易试验区、中国（重庆）自由贸易试验区、中国（四川）自由贸易试验区，这些自由贸易试验区基本沿着长江经济带建设，地理上是连通的，具有重要战略位置。另外，沿长江经济带中存在基础设施完善的大规模港口群和航空港群，关联产业集聚和产业园区密集，基本形成了港口与产业园区互联互动的发展格局。这为探索构建自由贸易区集群和自由贸易港试验区提供了良好的经济和地理条件。再次，其具有庞大的国内消费市场。要促进经济高质量发展，需要进一步扩大消费的拉动作用。长江经济带沿线已经形成了上游成渝经济区、中游城市群和下游长三角地区经济区三个区域性增长极，具备了较强的经济基础，具有强大的消费能力。如果探索建立沿长江经济带自由贸易区集群和自由贸易港试验区，将会进一步释放经济发展活力及消费拉动经济增长的潜力。最后，其具备对接“一带一路”倡议的地理优势和区位优势。长江经济带沿线城市多是海上丝绸之路沿线的重要节点。一些城市已经通过港口、铁路和航空等很好地对接了“一带一路”沿线国家的货物贸易和服务贸易等。如上海洋山港、“蓉欧班列”等都是连接“一带一路”沿线国家的重要途径，形成了独特的对外贸易基础。

当然，建立沿长江经济带自由贸易区集群和自由贸易港试验区也面临诸多问题。

（一）长江经济带缺乏创新驱动力

目前各级政府对于“共抓大保护、不搞大开发”的认识较为片面，重心在于治理和修复，大力度对违规企业、船舶进行整治和处罚，修建许多园林、公园等生态园区。但长江经济带的发展并非只盲目关心空气质量、水体质量是否达标，长江沿线有近40万个大型石油化工基地和大量工业开发区，虽然污染排放严重，但若完全采取关闭或转移工厂的方式，将导致长江经济带的经济增长出现瓶颈。

（二）没有形成聚集效应和规模效应

目前，长江经济带沿线具有中国（上海）自由贸易试验区、中国（浙江）自由贸易试验区、中国（湖北）自由贸易试验区、中国（重庆）自由贸易试验区、中国（四川）自由贸易试验区等国家级的自由贸易区，自由贸易区内部又有自由贸易片区等。总体情况是各个自由贸易区建设各自为政，划片而建，没有利用好长江三角洲城市群、长江中游城市群、成渝城市群的优势，也没有形成聚集效应和规模效应。

（三）缺乏总体规划导致重复建设和功能重叠问题突出

目前，国家层面已经有了《长江经济带发展规划纲要》，但是对长江经济带自贸区却缺乏科学合理的规划。实践中出现了重复建设、低水平建设和功能重叠等问题。据调查分析，长江经济带11省市存在相当程度的产业同构，制造业结构相似系数超过0.7。沿江各省市产业同构化现象严重，经济互补性不强，上中游与下游的产业链未能实现分工、对接，下游地区的发展缺乏资源支撑，上中游地区的发展缺乏资金、技术支持。长江经济带11省市中将电子信息列为主导产业的有9个，汽车、石化、装备制造列为主导产业的有6个。此外，从上海、浙江、湖北、重庆、四川及上游生态屏障区的陕西6省市自贸区发展的定位上可以看出，虽然强调了差异化发展，但在发展定位上也有相似。其中，位于西部的3省市，陕西省、重庆市和四川省，均提及了“西部大开发”概念，而“内陆开放型经济高地”同时用在了陕西省和四川省上，“西部地区门户城市”则为陕西省和重庆市。在追求外向型经济发展的道路上，不同省市，甚至同一省市不同城市之间同质竞争与松散合作之间博弈凸显。而产业的同构化造成同质化竞争，势必进一步导致低水平重复建设和资源浪费，客观上阻碍了长江经济带一体化进程。

（四）开放程度不充分

长期优先发展东部沿海的政策使得长三角地区积累了较好的

经济基础和科技实力，然而长江中上游等欠发达地区的产业仍然处于发展模式单一、形式落后、规划不合理的形态。下游发达地区因为更具优势的区位和便利的交通网络，不断集聚大量资金、技术、人才等资源，形成更为开放的格局和贸易往来。这将阻断中上游落后地区的发展空间，形成突出的产业梯度差，使原本不具备优势的中西部落后地区对外开放合作的机会和对外出口贸易减少，发展滞后。自贸区作为实现开放式发展的重要载体和平台，目前长江经济带 11 省市仅有上海、浙江、湖北、重庆、四川 5 个省市获批开展了自贸区建设，但对外开放的力度和窗口还无法满足长江经济带构建对外开放新格局的新要求，长江经济带自贸区建设步伐还需进一步加快。长江经济带自贸区已经成为对接“一带一路”倡议落实落地的重要节点，如“蓉欧班列”等的开通和运行有效地解决了“引进来”和“走出去”的渠道问题。但是，各个自贸区对接“一带一路”倡议落实落地的方式创新性和多样性都不够，没有形成制度协同和功能协同。

（五）联动效应没有形成

长江经济带既有上海洋山港、宁波舟山港等大型海港，也有宜宾港、泸州港、重庆港、南京港等优良内陆港，还有成都双流国际机场、重庆江北国际机场、南京禄口国际机场、武汉天河国际机场、杭州萧山国际机场和上海虹桥国际机场等大型国际机场。这些港口和航空港对生产、消费、贸易和仓储物流的拉动作用和范围经济的辐射作用还不够强，缺乏关键性的联结机制。

十、乡村发展创业投资基金缺位导致乡村金融发展不足

习近平总书记2018年4月26日在武汉市主持召开深入推动长江经济带发展座谈会并发表重要讲话。强调推动长江经济带发展是党中央作出的重大决策，是关系国家发展全局的重大战略。2018年9月21日，习近平总书记在主持中共中央政治局第八次集体学习时强调，乡村振兴战略是党的十九大提出的一项重大战略，是关系全面建设社会主义现代化国家的全局性、历史性任务，是新时代“三农”工作总抓手。

自20世纪40年代开始，以创业投资为代表的现代私募股权投资最先在美国得到发展，目前已经成为全球主要国家金融体系的重要组成部分。作为一种股权融资方式，创业投资不同于银行等金融机构，也不同于一般的直接股权投资，创业投资不谋求对所投企业的控制权，通常只持有少数股权，这种投资特别适应于一些具有企业家精神的创新型中小企业。更为重要的是，创业投资不仅提供股权资本融资，而且还通过一系列投后管理参与并加速创业企业成长。在早期，创业投资主要集中在科技创新活动较活跃的都市区、大学城，如美国的硅谷、128号公路地区及中国北京的中关村等。但随着时间推移，一些地区开始在乡村地区引入创

业投资模式，利用创业投资支持乡村地区企业家的创业创新活动。在美国，存在一类专门针对乡村地区的创业投资基金，即乡村社区发展创业投资基金（CDVC）和乡村企业投资公司（RBICS）。CDVC是一类专门针对乡村社区发展的创业投资基金，通常采取母基金（Fund of Funds）模式运作，如在美国阿肯色州和俄克拉荷马州通过立法，创建专门针对乡村地区的区域性创业投资母基金。RBICS是一种类似SBA（美国小企业管理局）的小企业投资公司和新市场创业投资计划，投资对象主要是美国农村地区的中小企业。

（一）长江经济带得天独厚的条件应成为新时代乡村振兴的领头羊

长江经济带覆盖了上海、江苏、浙江、安徽等11个省（市），面积约205万平方千米，长江经济带土地资源占全国土地总面积的20%，且承载着占全国42%的人口，支撑着占全国40%的GDP，是我国开发程度较高、人口经济分布较为集中的地区之一。长江经济带横跨东中西三大地带，区域内自然生态环境复杂多样，中下游地区江河、湖泊众多，多平原、丘陵，上游地区高山林密，地势险要；区域内乡村类型多样复杂，乡村与乡村之间差异很大，不同类型地区乡村发展条件差异很大；自然生态环境存在明显的多样性，具备发展特色产业、生态农业和养殖业的先天条件。因此，在乡村产业振兴过程中，长江经济带的乡村地区可以结合自身条件，立足当地资源条件和市场需求，拓展产业空间、创新产业形态，因地制宜地探索形式多样的乡村特色产业发展模式。

具体地说，乡村产业发展需要围绕以下三个方面进行拓展：①在自然和生态环境优越的地区，发展优质、高效和无害化种植业、生态养殖业以及深度开发农副土特产业及其规模化经营，提高农业优质产品的比重；通过延伸农业产业链，提高产业附加值；依托乡村特有的资源优势，大力发展乡村特色经济，如在长江上游的宜宾市、贵州省、云南省拥有丰富的茶叶资源、竹资源等，可以发展生态茶园经济、竹产业等各具特色的产业。②在经济发达的下游地区，可通过特色小镇、美丽乡村建设，实现就业、创业、休闲、旅游、宜居等功能，全面开启乡村城市生活时代，并以此为依托，发展非农产业，实现乡村地区产业结构多元化和乡村现代化；通过互联网＋现代物流技术，拓展乡村特色产业市场，实现规模化经营。③在一些有条件的地区，可以依托特色小镇建设，打造乡村特色产业创业园，吸引农民工、大学生、城市退休人员到乡村创业；完善承包地“三权分置”制度，鼓励农民以土地、资本、技术等方式出资，发展乡村股份制企业，实现企业化、集约化、规模化和专业化经营，打造新型乡村经营主体，实现农业和农村的现代化。

（二）具有企业家精神的新型农民队伍是产业振兴的关键

乡村振兴战略是一项系统工程。在新形势下，乡村振兴战略需要按照“产业兴旺、生态宜居、乡风文明、治理有效、生活富裕”的总要求，建立健全城乡融合发展体制机制和政策体系，加快推进农业乡村现代化。客观上讲，乡村振兴，产业振兴是重点。离开产业振兴，乡村振兴就是空中楼阁，因此，乡村振兴需要围绕产业兴旺下功夫，即在生态文明和绿色导向基础上，发展高效绿色种养业，延伸农业产业链，发展农产品粗加工、深加工业，休闲农业和乡村旅游业、乡村服务业、乡村特色产业以及生态农业，实现第一、第二、第三产业融合发展。

实践经验表明，创新创业活动是推动乡村经济可持续增长的重要源泉，而创新创业背后蕴含的企业家精神更是乡村振兴战略成功实施和乡村产业结构优化的关键因素。然而，农村地区的经济发展长期落后于城市地区的一个重要原因是农村企业家创新创业缺乏有效的金融支持，从而阻碍了在农村地区创造财富和就业机会的创新型企业的诞生和发展。

目前，我国经济正在由高速增长阶段转向高质量发展阶段。乡村振兴不仅面对农村人口下降和农业劳动力老龄化问题，而且还需要面对如何培养新型农民、推广新技术、推进农村创业创新等问题。为此，地方政府可通过采取各种优惠政策引导、鼓励各类人员，如农民工、大学生、城市退休人员等到乡村地区进行创业，发展多种形式的乡村特色产业形式，构建知识型、开拓型、技能型农民队伍。此外，更重要的是需要深化农村土地制度改革，完善承包地“三权分置”制度；培育新型农业经营主体，打造大规模的现代化生产主体；营造农村创业创新的良好环境，吸引更多人才投入到农业发展和农村建设工作中。

（三）乡村创新创业离不开有效的金融支持

改革开放之前，我国乡村金融发展从属于政府主导下的国家工业化总体战略。乡村金融机构在一定程度上扮演了向城市输送资源的“抽水机”角色，大量乡村金融资源被强制性地转换为工业资本，严重制约了乡村自身发展。这一金融制度导致中国乡村地区长期游离于现代金融服务体系之外，乡村发展得不到有效的金融支持。

虽然经过40年农村金融改革，我国初步构建了政策性金融、商业性金融、合作性金融为主体的多元化农村金融机构体系和多层次的农村金融服务体系，但目前乡村金融服务主体基本上是以各类银行和非银行金融机构存贷款业务的间接金融为主的农村金融体系。这一金融体系明显不能适应新时代乡村经济发展的需要。具体表现为以下两方面：①由于信息不对称、金融排斥等原因，乡村金融供给不仅在总量上不足，而且在结构上严重失衡。②乡村金融支持主要依赖涉农贷款等间接融资渠道，直接股权投资和融资市场明显缺乏。

创业投资被誉为未来明星企业的孵化器，是推动区域经济可持续增长的关键驱动力。在美国，无论是在硅谷、“128 号公路”，还是在得克萨斯州奥斯汀和美国农村地区，创业投资都是企业家手中重要的金融工具。国际经验表明，长期以来，创业投资在帮助企业家将其愿景变为现实方面发挥着至关重要的作用。创业投资不仅为企业家创新创业提供资本，还通过投后管理服务为企业提供管理、营销、战略、法律、商业网络等方面的支持。

乡村振兴离不开有效的金融支持，因此，我们需要建立一套适应乡村创新创业的金融机制。乡村振兴和乡村创新创业不仅需要信贷支持，而且更需要适合乡村创新创业的创业投资给予支持。事实上，创业投资不仅对于科技创新型企业具有重要意义，对于缺乏现代企业管理经验的乡村地区创业企业更是具有特别重要的意义。

十一、农村人居环境遭受破坏

长江经济带 11 省市土地面积 205 万平方千米，总人口 5.95 亿，其中农村土地面积占了大约 180 万平方千米，农村人口 2.48 亿，除了上海市农村人口占比较低，为 12.1% 以外，其他省市乡村人口占比都在 30% 以上，其中四川、贵州、云南等省份都在 50% 以上。长江经济带农村人居环境落后是城乡发展差距的集中体现，长期以来，农村生产生活条件、各种福利水平远低于城市，城乡差距不断拉大，使得大量的农村青壮劳动力涌入城市务工，形成各种新的社会问题，长江经济带农村人居环境落后是城乡发展差距的集中体现。全面改善长江经济带农村人居环境有助于推进长江经济带乡村振兴，缩小城乡发展差距和维护社会稳定，实现长江经济带农村经济、社会和生态协调发展，进而改善农村人口的生活质量和提高农村人口的生活水平。

随着工业化、城镇化快速发展和人民生活水平的普遍提高，长江经济带农村人居环境不断恶化，近年来虽然加强了治理，但从总体上看，农村面貌还没有得到根本改变，环境脏、乱、差的问题依然突出，具体而言表现在以下6个方面。

（一）居住条件差

当前长江经济带农村住房仍有部分为土筑瓦盖、土筑草盖甚至茅草屋，尤其是少数民族地区，农村居住条件更差。普遍存在着农村房屋建设布局选址零乱、缺乏科学规划和统一布局、随意修建、乱拆乱建、私拆私建等现象，土地资源和建筑材料浪费严重。

（二）生活用水受污染和破坏

农村地区很多村民还是自行打井取水饮用，随着地下水质的污染和破坏，饮水安全问题日渐突出。很多地方地表水污染严重，当地村民不得不采取打深水井的方式进行取水，地表水水位连年下降，部分地区甚至面临断水威胁。

（三）厕所条件差

目前，农村地区还存在大量的人畜合用的传统旱厕，厕所仍然是农民储存粪肥的主要场所，长江上游很多农村甚至还在使用茅草围建的简易粪坑，卫生条件极差，极易滋生病菌。

（四）养殖业对环境污染严重

长江经济带农村养殖业比较发达，2017 年渔业户数达 200 多万户，农村普遍养殖鸡、鸭、猪、牛、羊等。目前，很多地区农村的住房与畜禽圈舍混杂不分，据调查，规模化畜禽养殖业化学需氧量、总氮和总磷排放量分别占农业污染源主要水污染物排放量的 95.8%、37.9% 和 56.3%。相关数据显示，农村环境污染的 35% 来自畜禽粪便。

（五）农村生态环境污染正在不断加剧

长期以来，各种农药化肥滥用滥施，农药利用率不到 40%，化肥使用量高达 40 吨/平方千米；农村废水污水随意排放，2015 年四川省、湖北省、浙江省、江苏省农村废水排放量分别为 155275 万吨、110422 万吨、164436 万吨、209026 万吨；农村塑料垃圾污染日益严重，塑料大棚 1 亩（1 亩≈666.67 平方米）残膜可达 100 千克。

（六）农村基础设施建设滞后导致基本公共服务供给严重不足

目前，长江经济带农村垃圾处理设施、污水处理系统和给排水系统等体现现代文明的基础设施缺乏，至少40%的村庄没有集中供水，90%的村庄没有排水沟渠和污水处理。

十二、民营企业面临“法治夹层”困境

民营企业在长江经济带发展过程中发挥着重要作用。随着营商环境优化工作的推进，长江经济带各省市推出了一系列优化营商环境、提高行政效率、促进民营经济发展的举措。但从长江经济带各省市营商环境实地调研结果看，目前营商环境政策力度虽大，却并未解决长久困扰民企的“法治夹层”问题。较大部分的受访民营企业认为自己在经营过程中承担着较高的守法成本，普遍产生了“守法者吃亏”的感觉，营商法治环境改善并未达到其预期。

首先，受访民营企业普遍认为基层政府执法精细化不足，加重企业“自上而下”的规制压力。有72.6%的民营企业认为，自己在经营活动中遭遇到基层政府“僵硬执法”“一刀切”情况；有82%的民营企业认为，自己曾在办事过程中遭遇基层地方政府的“旋转门”，找不到疑难问题的解决部门；另有53.7%的民营企业认为基层政府没有在查清事情原委后再进行行政处罚，而是为了“省事”，直接将民营企业作为“冤大头”进行处罚。

其次，“职业打假人”“职业索赔团”为民营企业经营带来

“自下而上”的压力，基层政府在纠纷解决中的不作为与乱作为进一步放大了压力带来的影响。根据相关统计数据显示，72.9%的民营企业遭遇过“职业打假人”以牟利为目的的投诉、索赔；46%的民营企业则经历过“消费者”“劳动者”在拿到法定补偿后，仍采取挂横幅、上访等方式来牟取利益的“恶性维权”事件。而在纠纷解决中，42.6%的民营企业认为，基层政府在解决企业与“恶性维权者”之间的纠纷时，有逃避执法责任的现象；有41.7%的民营企业认为，地方政府在挂横幅、上访等“恶性维权”事件中不作为，增加了纠纷解决的难度；另有21.6%的民营企业认为，自己遭遇了地方政府在纠纷事件中乱作为的情况。民营企业认为自己在纠纷解决中，没有受到执法上的公平对待，承担了不必要的纠纷解决成本。

最后，在双向压力下，民营企业或选择成为“吃亏的守法者”，或选择成为“普遍性违法”中的一员。47.2%的民营企业选择在不触犯“法律红线”的情况下，尽量规避规制，降低高额的守法成本；42%的民营企业认为自己作为守法者、合规者是“吃亏的”，有“生存在夹缝中”的感觉。

面对经营过程中的“法治夹层”，大型民营企业会选择“用脚投票”，迁往“法治夹层”问题较轻、营商法治环境更优的地区；中小型民营企业虽然有迁往其他地区的想法，但也同样表现出对其他地区营商环境不熟悉的担忧，表示除非生产成本与守法成本同时增加，自己才会迁往外地。

民营企业陷入“法治夹层”是我国市场经济发展过程中不可避免的问题，其成因也是多方面的。

（一）强调“引进来”，而忽视“留得住”与“本地开花”

“招商引资”是我国地方政府绩效考核的重要指标，常出现指标任务的层级划分现象。基层政府为了完成指标，将主要力量放在吸引外地大型民营企业上，而忽视了本地中小型民营企业的培育。由于各地缺乏“留得住”与“本地开花”的评价指标，基层政府较少关注大型民营企业在“引进来”后所遭遇的法治问题；更少关注本地中小型民营企业所面临的法治难题。2018 年下半年各省市开始采取的营商环境指标评价，也更多地将目光放在提高行政效率上，而如何解决“法治夹层”问题并不在评价之列。

（二）依赖“促进型”政策，辅之以“控权型”改革

长江经济带中上游省市，目前主要运用“促进型”政策，以“招商引资”优惠政策、“马上办”政策来吸引大型民营企业落户。但“促进型”政策的作用更多体现在企业初创阶段，进入日常经营阶段后，各类优惠政策的效用迅速降低，企业更多受微观营商法治环境的影响。长江经济带下游省市，目前主要运用以“负面清单”为代表的“控权型”政策。此类政策能够有效防止基层行政手续烦琐的问题，但也引发“旋转门”情况，即在执法

和政策施行过程中，为减少行政风险，基层政府常对民营企业的合法、合理请求置之不理，在应当行使行政职权、实现公共管理、提供公共服务的时候，自动“限制”自己的行政能力，部门之间推诿情况多有出现。

（三）促进民营企业发展的法律和政策出现市场治理末梢的异化

相关法律、政策或是针对民营企业经营过程中遭遇的典型问题，或是针对当前急需解决的问题的措施，并不能解决民营企业在经营过程中可能遭遇的所有问题。此时就需要基层政府恰当运用手中的行政自由裁量权来解决疑难问题。但从目前调研情况看，长江流域内一些基层政府对民营企业带有不信任情绪，在相关问题处理中并未进行良好的政企沟通，为“避嫌”或避免行政风险，而对民营企业合理请求置之不理。同时，“依赖型”官民关系的存在也使得社会主体在与民营企业产生纠纷时，不进行正常的法律诉讼，而是采取挂横幅、上访等方式，以群体性事件的形式向基层政府施压。基层政府常选择将自己承受的政治压力，转化为民营企业的政治压力与经济压力，“用钱解决”企业与社会主体之间的纠纷，给民营企业带来巨大成本。

第三章　长江经济带高质量发展应对举措

一、坚持以“绿色发展、生态优先”理念破除生态环境严峻形势

（一）确定长江经济带发展的清晰思路

习近平总书记的重要讲话和指示精神，是长江经济带发展的方向性指导和基本工作遵循。习近平总书记考察湖北、湖南两省，为长江经济带发展立规矩，即不能搞破坏性开放，设立生态红线和禁令。从习近平总书记两次推动长江经济带发展座谈会上的重要讲话，可以得出推动长江经济带发展的清晰思路，概括为四个层次：首先，要保护、修复和建设长江生态；其次，在生态优先的前提下谋划绿色发展，即发展不能破坏和干扰生态环境；再次，一些发展反过来又能够促进生态建设；最后，生态建设和绿色发展倒逼产业转型升级，否则淘汰或搬迁。通过上述四个层次，国家可以考虑把长江经济带建设成为国家生态建设示范区和

国家绿色发展示范区。

（二）建立长江经济带应有的激励处罚机制

落实长江经济带发展定位，需要有相应的激励机制和处罚机制。首先，在生态重要的地区设立生态至上的政府考核标准。对于生态问题严重的地区，如果不扭转经济增长挂帅的思想观念和考核标准，是难以引导地方政府把更多的资源和精力投入到生态建设上的。其次，建立生态环境损害赔偿制度。改革和完善生态环境管理，最直接、最有效的举措就是建立明确、具体的损害赔偿制度和处罚机制。需要加强排污监测、水质监测、生态建设监测等，在监测的基础上推进奖励或处罚措施的落地。通过上述举措，逐步建立健全长江经济带的生态补偿与保护长效机制。

（三）推动传统工业转型升级或者搬迁改造

一是提升现有矿产开采、资源利用、加工制造的技术水平和质量标准。长江经济带资源丰富，然而产业效率并不高。在今后的发展中，应该对技术落后、效率低下、缺乏市场竞争力的产业企业进行兼并重组或者关闭淘汰，对有发展前景的产业企业加大技术改造力度，实现产业转型升级。二是对污染型的传统工业进行创新改造，实现转型升级，达到环保标准；而难以实行技术改造的企业，可以进行整治与搬迁，或者关闭、转移污染源。

（四）采取切实措施开展生态建设

针对生态环境中所存在的问题，采取措施进行生态建设。应制止对森林树木的不科学砍伐，加强林木培育与种植；禁止围湖造田、填湖造陆致使湿地面积减少的做法，加强湿地保护；加强长江生物栖息地保护和建设，遏制生物多样性减少趋势；对地震、滑坡、泥石流等自然灾害做好防护措施，杜绝人为破坏因素，控制水土流失。

（五）大力发展绿色产业、生态产业

发挥长江经济带固有的生态优势和资源优势，大力发展无污染、轻度污染但容易防控的环保型产业。习近平总书记 2019 年 2 月考察四川时指出："四川是产竹大省，要因地制宜发展竹产业，发挥好蜀南竹海等优势，让竹林成为四川美丽乡村的一道风景线"。根据习近平总书记的讲话精神，宜宾市大力挖掘蜀南竹海的优势和潜力，积极规划竹产业，在绿色产业上下功夫。这一思路既能促进经济上的产业发展，又能培育环境上的生态资源。

（六）挖掘开放优势发展清洁经济

长江经济带由西向东横贯中国，可以享有沿海开放与内陆开放两种开放优势。借助"一带一路"倡议和"21 世纪海上丝绸之路"，加强沿海开放，借助"南方丝绸之路"，挖掘内陆开放

优势，实现“一带一路”倡议、与长江经济带建设两大国家战略互推共进。其中内陆开放优势有更多的潜力需要挖掘，比如武汉、重庆、宜宾等沿江城市均需在建设内陆开放高地上做好文章，积极探索，大力推进自贸试验区、开放口岸、保税港区、综合保税区、自由贸易港等方面的建设。

（七）以长江上游生态屏障申报建设国家公园

一个国家在具备条件的地方建设国家公园意义重大，国家公园已经成为一项世界性的自然文化保护运动。一般而言，国家公园大多具有三个特征：一是自然状况具有天然性和原始性，二是景观资源具有珍稀性和独特性，三是在保护生态的前提下繁荣地方经济。长江上游地区和与之相关联的乌蒙山集中连片特困区合在一起，具备了国家公园的三个特征，因此应瞄准国家公园的目标进行建设和规划。长江上游地区素有绿色生态屏障之称，具有特殊的生态环境功能。而乌蒙山集中连片特困区是国家新一轮扶贫开发攻坚战的主战场之一，而其地理区位与长江上游地区交织在一起，发展模式必然是绿色发展模式。因而，二者合一，能够系统性地共建长江上游生态屏障国家公园。

（八）设立长江经济带绿色发展协调委员会

推动长江经济带发展领导小组可依托生态环境部、水利部、自然资源部设立长江经济带绿色发展协调委员会。长江经济带覆盖11个省市，生态保护和绿色发展容易陷入“九龙治水”困境。为了规避该问题，我国应进一步加强组织保障。现组建的长江经济带发展领导小组，凭借丰富的经验将对完善体制机制、发挥区域协商合作起到重大促进作用。为了使领导小组有更得力的抓手，可在领导小组下依托生态环境部、水利部、自然资源部设立长江经济带绿色发展协调委员会，对长江经济带的生态保护与发展工作在多地区、多部门之间进行统筹协调、综合决策。该委员会以生态环境部、水利部、自然资源部为考核主体，各个省市为责任主体，建立协调联动机制，实行跨区域联合执法。

二、编制长江上游生态屏障建设规划，筑牢长江上游生态屏障

（一）明确长江上游生态屏障建设规划的重点内容

1. 坚持以生态文明理念指导长江上游生态屏障建设规划编制

坚持“绿水青山就是金山银山”“共抓大保护、不搞大开发”“尊重自然、顺应自然、保护自然”“山水林田湖草是一个生命共同体”等生态文明理念。从生态文明视角对长江上游地区生态系统、经济系统、社会系统进行全面的调查和诊断。以生态文明理念为指导，设计长江上游生态屏障建设的总体框架，既要包括生态环境建设，也要包括经济、社会层面的建设，发展绿色低碳循环经济体系。以促进长江上游地区经济、社会、政治、文

化、生态文明建设“五位一体”科学发展为目标，编制长江上游生态屏障建设规划。

2. 合理划分长江上游地区的空间功能

突破传统的价值观，以协调生态屏障的生态服务功能和生态生产功能为重点，以协同推进物质财富和生态财富生产为目标，划分长江上游的生产空间、生活空间、生态空间，确定不同空间的范围和功能，从建设和保护两个方面重塑生态屏障的功能。妥善处理长江上游生态屏障建设与长江上游各地区经济社会的关系以及与成渝经济区建设、灾后重建、主体功能区建设、长江干支流综合开发、扶贫攻坚等重点任务的关系，使各地区生态屏障建设与经济社会发展协同推进，生态屏障建设任务与各项经济社会重点任务共建、共享。

3. 切实加强长江上游生态屏障的工程建设和管理

利用大数据和国情地理信息系统，对实施西部大开发战略以来的生态环境工程，包括已建、在建、拟建工程进行系统跟踪管理、评估投资效益，用以提高在建、拟建工程的质量，切实避免设计不科学、建造偷工减料、投入高收益低、出现烂尾工程等问题。

4. 建立和完善长江上游生态屏障建设的综合决策机制和管理制度体系

尽快成立长江上游生态屏障建设领导小组或相应的权威领导机构，建立部门间生态屏障建设与经济社会发展联席会议制度和组建专家顾问团。进一步完善长江上游生态屏障建设的监管体系，包括创新监管体制、推进形成和落实目标责任制、建立环境影响评价制度和发挥公众的监督作用。加快健全长江上游生态屏障建设的法律体系，包括确立建设规划的权威性、合法性和有效性，继续完善生态环境资源的法律体系，建立生态环境信息公开制度和区域间的协调制度。

5. 建立长江上游生态屏障建设的生态补偿机制

长江上游生态屏障建设是一项有别于其他经济社会建设的项目，其核心是生态问题，而非经济增长问题，务必建立生态补偿机制，包括确立生态补偿的原则、探索建立生态价值测算体系、确立多层次的补偿关系、加快生态补偿法制化进程、形成市场和政府双驱动的生态补偿机制。

6. 建立长江上游生态屏障建设的多元化投融资机制

长江上游生态屏障建设所跨的9省（区、市）是经济欠发达的地区，资金融通比较困难，需要加强多元化的投融资机制建设，包括加大财政投入力度、鼓励市场资金进入和吸引国际资金等措施。此外，需要加大生态屏障建设的科研投入，包括提高科研支持和技术储备能力、开发和引进科技成果、建立环境监测体系和培养生态屏障建设人才队伍。

（二）尽快编制长江上游生态屏障建设规划

1. 尽快将编制长江上游生态屏障建设规划工作提上议事日程

建议成立长江上游生态屏障建设的权威领导机构，由国家发展和改革委员会、自然资源部、生态环境部牵头组建编制长江上游生态屏障建设规划的工作班子，由长江上游各省（区、市）发展与改革委员会和生态环境部门牵头组建编制本地区长江上游生态屏障建设实施规划的工作班子。组建长江上游生态屏障建设规划专家咨询委员会。

2. 加强长江上游生态屏障建设相关规划的协调

长江上游生态屏障建设是国家生态安全战略的重要组成部分，应该进入国家的规划体系，长江上游各省（区、市）要协同推进，力争将长江上游生态屏障建设作为重大建设工程写入国家“十四五”规划。首先，应利用“十三五”规划中期检查调规机会，将长江上游生态屏障建设纳入国家国民经济和社会发展“十三五”规划体系，写入生态文明建设规划或长江流域规划等专项规划中；其次，长江上游各省（区、市）应将建设长江上游生态屏障纳入本地区的“十三五”专项规划；最后，长江上游生态屏障建设规划要与国家和各地区的主体功能区规划、流域开发规划、灾后重建规划、土地利用规划、城乡建设规划等相衔接、相协调，实现多规有效叠合。

3. 构建长江上游生态屏障建设的保障体系

长江上游生态屏障建设离不开国家及各地区的组织、资金与技术支持，编制长江上游生态屏障建设规划，应充分考虑包括组织保障、政策保障、法制保障、科技保障、管理保障等在内的保障体系，使之更加完善，从而进一步促进长江上游生态屏障建设。

4. 采用最先进的规划理念和方法

规划应坚持“多规合一”、生态红线、空间管控、“三生”（生产、生活、生态）融合、人地和谐等先进的规划理念，充分运用国情地理信息数据和长江经济带各类规划成果，综合使用GIS（地理信息系统）、遥感、大数据等技术，探索使用裸眼3D（三维）等先进技术在规划展示中的应用。

（三）加大对长江上游生态屏障区域的生态补偿

习近平总书记指出，有的环境治理和修复项目推进进度偏慢、办法不多，资金缺口较大。生态补偿机制建设进展缓慢。中央专项安排长江经济带生态环境保护的资金规模不大，有关部门涉及长江经济带生态环境保护资金安排的统筹程度不强、整体效率不高。地方投资力度和积极性欠缺。鉴于生态保护和修复宜早不宜迟，后期治理比现在治理成本更高，有的破坏甚至是不可逆的，建议加大对长江上游生态屏障区域的生态补偿，边补偿，边研究。

1. 党中央、国务院充分考虑长江上游生态屏障区域的实际困难加大投入

长江上游生态屏障地区多为欠发达地区和贫困地区，地方财力不足，脱贫任务尚且艰巨，生态保护多有心无力，指望落后地区独立完成长江流域生态环境保护修复，并不现实。笔者在四川省雅安市调研时发现其定位为“天府之肺·生态雅安”，雅安地处长江—岷江—大渡河—青衣江水系，这一定位没错。但有些老百姓并不理解，空气好能顶饭吃？生态建设能帮助我们脱贫？

2. 从速部署研究长江流域横向生态补偿机制

早在2005年，“十一五”规划就提出了“谁开发谁保护、谁受益谁补偿”的原则。2016年5月，国务院办公厅印发了《国务院办公厅关于健全生态保护补偿机制的意见》，提出到2020年，实现生态保护补偿全覆盖，补偿水平与经济社会发展状况相适应。建议借鉴新安江流域、美国Catskill（卡茨基尔）流域、捷克德国易北河生态治理补偿经验，建立跨省域的长江下游地区对上游地区的横向补偿机制。建立跨区域交界断面水质监测标准，确定省际横向补偿初步标准，以后在实践中不断调整修正。

3. 加大中央财政对长江上游生态屏障区域的生态补偿

《中华人民共和国水污染防治法》第八条明确指出，国家通过财政转移支付等方式，建立健全对位于饮用水水源保护区区域和江河、湖泊、水库上游地区的水环境生态保护补偿机制。《中华人民共和国草原法》《中华人民共和国防沙治沙法》等相关法律法规中也有关于生态补偿的规定。2018年，中央财政资金拿出50亿元进行长江生态补偿，但是这笔资金数额太少，可谓“杯水车薪”。建议借鉴厄瓜多尔流域水保基金、哥斯达黎加森林生态效益补偿基金的方法，建立长江流域生态保护基金，中央财政先期拿出500亿元，研究基金的可持续筹资渠道，以项目为导向，直接用于长江上游生态屏障区域的生态保护、修复。

4. 加强对长江上游生态屏障区域的民间和社会生态补偿

党的十九大提出“建立市场化、多元化生态补偿机制”。习近平总书记指出：“保护长江流域生态环境，企业和社会资本参与度不高。”要宣传、引导国际、国内组织和个人对长江上游生态屏障区域提供物质捐赠与援助：①加强社会捐助，包括直接资金援助和修复技术援助等，争取国际组织对长江流域生态项目的援助；争取企业捐赠，保护长江也是体现企业社会责任的一种方式；广泛动员个人、民间组织参与长江流域生态补偿。②发行长江生态保护福利彩票，筹集社会资金，用于长江生态保护项目。

三、确立近期、长期应对举措，化解和防范长江经济带“化工安全”潜在危机

（一）近期亟须采取并能够采取的措施

1. 企业进行深入的安全隐患排查与纠正

安全的根本在企业，而不是政府检查。当务之急是最大限度地确保化工企业的安全。很多化工企业在设计、建造阶段都没有做到深入和系统地危害识别与安全防范，危险与可操作性分析流于形式，只是应付批复，而在投产运行环节又往往进行变更，致使企业一开始就处于高风险局面。此外，对于老化与腐蚀严重的设备更新往往也不及时。建议企业立即对可能导致严重事故的主

要危害进行系统性排查与识别，提出具体、详细的整改措施，并切实落实。对于不合格或需要更新的设备，及早更换，不能为了节省成本而置之不理。在安全专业人才严重不足的情况下，为了解燃眉之急，国家和企业要积极开展安全方面的专业培训。

2. 重新确立重化工产业布局规划，确定长江流域化工厂加速减量发展总思路并制定实施路线图

世界各国产业布局规律表明，在沿海地区集中布局运输量大、用水量大、耗电量大、消耗量大的重化工产业，是最优布局选择。目前，长江经济带各个地方分散发展重化工产业，弊端甚多。那么，应该对整个长江经济带的重化工产业摸清家底，而后做统一的布局规划，在沿海地区选址建设“重化工产业集群基地”，零散分布的重化工企业统一迁入基地，并在迁入的基础上，建设系统性的产业集群，并同时建设高水平的专业化、规模化、效益化的污染集中处理设施与管理机制。还需注意化解地方政府企业搬迁阻力，一些地方为了保经济增长，可能想方设法阻挠企业搬出。近年来，各地已经出台了大量的减少或迁移化工厂的规划，并且执行力度很大。但主要措施是迁入化工园，目前看来这些远远不够，必须确定加速减量化的总思路，并制定具体的、详细的实施路线图，如江苏省已出台《江苏省化工产业安全环保整治提升方案》。特别是长江经济带区域，更要抓住高质量建设长江经济带的契机，主动淘汰落后产能，率先在全国实现高质量发展，示范生态环境安全友好发展。

3. 政府制定并监管实施完善、可操作的安全法规和标准

在安全事故频发的情况下，政府安全检查力度空前，但这不是解决问题的最优方式。我国与安全相关的法规与标准很多，但是，模糊不清的地方也很多，企业不知如何做才合规。欧美等国颁布的标准相对具体细致，便于执行实施。我国政府应下功夫研究制定没有歧义、更加详细、更具操作性的安全法规与标准，以及相应的解释细则与实施指南，并构建与实施科学的监管，确保安全法规与标准在企业的运行与管理中得以执行。应该避免运动式、突击式的安全检查，但可以科学安排安全检查，作为科学监管的一部分。在条件允许的情况下，可推动自然资源部、生态环境部、住建部、工业和信息化部编制长江经济带高质量发展区控规和详规，一张图解决“生态建设”“化工围城”等重大问题，打造“数字长江”。目前，虽已有《长江流域综合规划（2012—2030 年）》《长江经济带发展规划纲要》《推进长江危险化学品运输安全保障体系建设工作方案》，但这些规划都不能解决长江流域目前面临的诸如生态环境安全方面的严峻挑战，更难以预防类似响水爆炸的特大化工厂生态环境安全污染事故。在当前不少地区长江库岸已经被完全开发的情况下，迫切需要把人的活动和自然生态衔接起来的长江经济带的控规和详规。应以自然资源部会同生态环境部、住建部、工业和信息化部，运用当前的最新技术成果，如大数据、5G、物联网、云计算、虚拟现实 GIS、工业互联网，把长江流域相关要素信息化、集成化，打造“数字长江”，

打通地区障碍，争取实现对流域重要因素进行实时信息集成和监管，研制长江流域控规和详规，真正一张图解决“生态建设”“高质量发展”“化工围城”“危化品管理”“危化品企业搬迁改造”等重大问题。

4. 采取足够严厉的环保标准与处罚措施，加大追责力度，强化主体管理

长江经济带要走好“生态优先、绿色发展”的新路子，在多地追求经济增长而环境保护意识淡薄的情况下，目前需要采取非常严厉的环保标准与要求，并对不执行标准与要求的行为采取非常严厉的处罚措施。对于环保不能达标的企业和园区要坚决淘汰。当前，环保事件无人管的现象比较严重。国家亟须高度重视环保标准与要求的执行环节，如果流于形式，就无实效可言。对于违规行为，无论是大企业还是小企业，无论是政府还是民众，都要进行严格处理。对于干预与包庇行为，要严格追责问责。对于安全管理问题，不妨借鉴市场监管总局的主体管理方法，对违法违规多的主体，直接取消该主体的市场活动资格、取缔生产资格。

5. 在国家层面建立独立而统一的监管机构与监管功能

当前的监管机构和监管功能存在着严重的弊端，主要表现为两个方面：一是监测、监管、评价等功能多头管理，水利、生态环境、自然资源、农业农村等部门对长江经济带都有相关功能，导致职能交叉、数据不一、信息分割、管理冲突等弊端，如入河排污量监管，流域机构难以获取其他部门掌握的相关信息，如直排入水体的污染源、污水处理厂、流动污染源排放数据、农业面源信息等，各个部门的工作部署各自为政。二是环保安全部门由各地政府管辖，导致地方保护、掩盖问题、变通执行等弊端。一些发达国家设立森林警察机构、统一管理全国森林事务的经验，可以借鉴和运用于我国对长江经济带的发展管理上。可在中央的推动长江经济带发展领导小组下，依托生态环境部、自然资源部、水利部、工信部、农业农村部等部委设立统一的长江经济带环保安全监管委员会，并且各个地方的环保安全部门由该委员会直管，使用同一标准进行监督管理，规避地方的干预。环保安全部门的中央直管模式，适宜在全国进行推广。同时，依托生态环境部、应急管理部、自然资源部、工业和信息化部设立长江经济带化工安全特别委员会，进一步加强组织保障。

（二）需长期坚持并不断完善的措施

1. 建立企业发展建设系统性的安全技术与管理机制

企业安全隐患排查与纠正只能在短期对安全起到加强防范作用，但难以解决根本性问题。一般情况下，事故发生的主要原因来自技术和管理，技术缺陷是事故发生的根本原因，管理缺陷是事故发生的直接原因。安全技术（也包括生产技术本身的安全因素）的发展并不是一蹴而就的，需要长期的研发、实践与改进。安全管理机制也不是一蹴而就的，需要基于技术等因素建立相应的模式、流程、监测、预警等。尤其需要警惕的是，企业为了实现节约成本、短平快产出等目标，忽视甚至躲避安全技术发展与管理机制建设。这一问题是比较普遍的，这也是我国安全隐患严重的重要原因。可由国家认监委、国家标委在各省市区专业化工园区认定管理办法的基础上以委托第三方管理的方式，进行标准认证，逐步形成操作性强、效果显著的国际通行化工厂环境安全生产制度。加快长江流域“三线一单（生态保护红线，环境质量底线、资源利用上线和环境准入负面清单）”的制定和落地，依据主体功能区、生态保护红线，科学制定各类化工产业禁止、限制落地的区域。合理甄别现有各类化工企业的生产情况和环境安全隐患等级，关停一批，提升一批，转移一批，全面提升长江流域化工厂环境安全保障。提升现有化工企业的内部环境安全管理水平，加强危险原材料及产品管理。

2. 政府推进专业人才与专业机构的培育

虽然企业是安全事故的主要管理主体，但是企业需要从社会上招聘专业人才，也需要专业机构的协助。安全技术与安全管理专业人才的缺乏是我国化工安全工作做不好的最为关键的因素，无论是企业还是政府监管机构都严重缺少安全专业人才。专业人才的培育需要国家进行长期谋划和持续努力，教育部要积极推进大学、职业技术院校、科研机构等安全专业人才的培育。同时，政府也需要把部分功能下放给行业协会、咨询机构，调动社会资源参与安全建设，促进并规范专业机构的成长。例如，美国化学工程师协会、美国国家防火协会、美国石油协会，以及其他众多的专业咨询机构，对美国的化工安全起到了重要作用。我们可以借鉴他们的经验。

3. 推进、完善、创新生态补偿机制和生态环境损害赔偿制度

我国对生态补偿机制和生态环境损害赔偿制度做了积极的探索，然而效果并不理想。优良的生态文明建设，离不开科学有效的生态补偿机制和生态环境损害赔偿制度。我国需要在补偿、赔偿的方式、力度、执行等方面加大建设力度，积极探索能够起到实际效果的做法。当前的补偿力度、赔偿处罚力度都明显不足，导致生态建设动力也严重缺乏，环境损害行为难以遏制。补偿方式也需不断探索，比如借鉴欧洲跨国境流域污染治理的经验，可采取省市之间财政横向转移支付治理费用的措施，推进长江经济带生态保护与修复。同时，在长江流域设置高质量发展的政府考核标准，纳入防范生态环境特大污染事故的内容，并建立跨流域生态环境特大损害赔偿制度。

四、优化城市群产业布局

（一）坚持全局原则、统筹兼顾、通盘考虑

我国已相继出台《全国主体功能区规划》《全国生态功能区划》《长江经济带发展规划纲要》等规划，随着主体功能区定位的逐步落实，绝大部分国土空间成为农业空间和生态空间，不符

合主体功能定位的开发活动将大幅减少。长江经济带的产业布局必须符合《全国主体功能区规划》，并以此为原则和基础，明确各地区在全国经济建设中的角色和地位，确定各地区的产业发展方向。

（二）始终将生态环境保护摆在首位

长江经济带的产业布局优化要放弃“先污染后治理”的老路子。贵州省、云南省和江西省境内分布着国家重点生态功能区，属于禁止开发地区。湖北省、湖南省、四川省、重庆市、安徽省境内分布着重要的商品粮产区，属于限制开发区。对于这些区域，除了保护未开发的生态空间，还要对已产生的环境污染必须加快整治恢复，对已有的工业开发区要逐步改造成为低消耗、可循环的生态型工业区。主体功能区的工业化开发，必须严格控制在水资源承载能力和环境容量允许的范围内。对于上游云贵地区能源和矿产资源的开发，应遵循“点上开发、面上保护”的原则。中下游淘汰的高耗能、重污染、安全隐患突出的产业，应坚决清退，杜绝落后产能向上游水源地转移，从源头上保护好生态环境。

（三）构建集中均衡式经济布局

科学选择主导产业，利用城市群梯度接力，构建集中均衡式经济布局。推动产业有序转移承接，形成上中下游优势互补、协作互动格局，有助于缩小东中西部发展差距，实现经济均衡发展。基于各城市群发展所处的阶段，下游地区应坚持结构转型不动摇，坚持创新驱动，利用技术与资本优势加速产业升级，提升长三角城市群产业的国际竞争力，引领整个经济带的产业发展。中上游城市群可以在原有基础上延伸产业链，主动承接下游地区相关产业的加工制造环节，实现对传统资源依赖型行业的升级改造和附加值提升，并逐步转化为产业竞争优势。具体到主导产业的选择，下游地区应瞄准高新技术产业、现代服务业、先进制造业，推动产业结构向高端、高附加值转变。中游地区在原材料加工、装备制造、通信电子设备、食品加工等行业具有一定的发展基础，将是下游地区产业转入承接的重点区域。上游地区，川渝两地在装备制造、食品加工、有色金属与非金属加工等产业具有比较优势，可利用黄金水道，承接中下游相关产业的加工制造环节；云贵地区除烟草和煤炭采选业外，其他类型产业发展滞后，但其受到本地区生态环境保护要求限制，未来承接生态友好型产业的优势明显。

（四）加强综合运输体系建设

运输费用对产业布局起决定性作用，产业最优区位通常会选择在运费最低点上。具体来说，一是积极推进以长江黄金水道为轴，特别是充分发挥“万里长江第一城”宜宾市作为全国性综合性交通枢纽的优势，切实加强公路、铁路、港口、航空等综合交通网络的建设，提高多种运输方式之间的中转和衔接能力，提高基础设施的区域一体化程度。二是整治黄金航道，加快推进航道等级改造提升、船闸扩建、水运陆运无缝对接，不断消除水运通行瓶颈。三是打造以经济带特大城市为中心的一小时铁路通勤生活圈，通过轨道交通的“时空收缩效应”避免城市摊大饼式发展，支撑大城市群的集聚经济，同时对人口过密起到疏解作用。

（五）完善产业转移相关制度安排

一方面，建议设立专门的产业转移协调机构，制定长江经济带区域协调长效机制，推动上中下游省市的互动协作。另一方面，出台长江经济带产业转移与承接指导目录和负面清单，并通过实施督察制度，对规划实施情况进行定期评估，对规划进行动态调整和完善，科学引导长江经济带地区间产业合理布局。对于主体功能区域，政府可以根据主体功能区定位，配置相应的公共资源，并通过政策引导生产要素向相应区域集聚。对于禁止开发区域和限制开发区域，通过健全法律法规和规划体系、建立补偿机制等，约束不当的开发行为。

五、科学编制主体功能区划，化解无序竞争及产业同构

（一）按照发展规律科学编制长江经济带主体功能区划

长江经济带发展要走生态优先、绿色发展之路，当前和今后

相当长一个时期，要把修复长江生态环境摆在压倒性位置，共抓大保护，不搞大开发。那么，对于长江经济带而言，编制主体功能区划就需要围绕生态优先、绿色发展的建设逻辑去开展。在突出生态与发展关系的基础上，把长江经济带区域划分为四大类：生态建设区、生态与开发协调发展区、一般开发区、高度开发区。

生态建设区：只进行生态建设，不搞任何经济开发。该区域具有典型的、重要的自然生态系统，如自然保护区、森林公园、地质公园等。

生态与开发协调发展区：生态建设很重要，首先，要进行生态建设；其次，基于生态资源发展相关产业，甚至一些产业反过来会促进生态建设；最后，也可以因地制宜地发展一些环保型产业，但这些产业不能破坏或者干扰生态环境。一般情况下，生态与开发协调发展区适宜发展现代林业、畜牧业、生物医药、食品、旅游休闲、高科技含量的加工制造业等绿色型产业。

一般开发区：只是根据自身的比较优势，发展优势产业，不追求大规模的经济开发。一般开发区的生态资源的重要性不是很高，但并不是不重视生态保护，可以按照新修编的《全国生态功能区划》落实生态保护的要求即可。这类区域也不是盲目地追求开发，只是在比较优势方面做文章，以此规避盲目投资、重复投资、分散投资等问题。

高度开发区：推进高层次的、大规模的经济开发，努力实现高度的产业集聚和经济集聚，打造全产业链条、系统性经济体系。一般情况下，具备良好发展条件的城市或者城市群适合划入高度开发区，如非常重要的战略性产业、寻求战略突破的新兴产业、配套复杂的关联性产业等适宜在高度开发区进行发展。

生态建设区、生态与开发协调发展区、一般开发区、高度开发区的划分方式具有突出的优点：①能够对重要的生态区域进行明确的保护和建设；②能够有效规避产业同构、重复建设、分散投资等问题，生态与开发协调发展区、一般开发区都有针对性的开发限制，而且大规模的集中开发又限制在高度开发区，这样既有助于规避现有问题，又能提高经济集中度；③能够让各个地方政府明确自身发展思路，不再眉毛胡子一把抓。

（二）按照主体功能确定具有针对性的差异化考核标准

科学编制的长江经济带主体功能区，能否得以执行，关键在于考核。很显然，怎样考核，各级政府就怎样干；考核什么，各级政府就干什么。现行的考核方式存在明显的不足，其主要表现在以下几方面：对各个地方政府缺乏针对性的考核标准，GDP 增长所占比重往往过高，这会导致各个地方政府都追求经济增长，追求投资规模，甚至不惜牺牲环境。生态建设区、生态与开发协调发展区、一般开发区、高度开发区的划分使得长江经济带不同区域的发展模式不同，而在实际建设过程中，尚需对各个功能区设置针对性的考核标准，以牵引地方政府按照主体功能区的发展要求去建设。

生态建设区：要制定明确的生态建设考核指标。如果生态建设没有搞好，即使取得了很大经济增长效果，也要进行相应处罚。

生态与开发协调发展区：要制定明确的推进和实现生态与开发协调发展的考核指标。如果开发与生态不协调，甚至破坏了生态，即使取得了很大的经济增长，也要进行处罚。

一般开发区：要制定明确的发展当地优势产业的考核指标。如果是盲目开发，即使取得了很大的经济增长，也要进行处罚。

高度开发区：要制定并明确完善的产业体系、推进经济高度集聚的考核指标。如果缺乏打造深度产业链条、系统性经济体系的思路和成效，即使取得了很大的经济增长，也要进行处罚。

（三）把主体功能区划落实到具体执行主体

要把主体功能区的要求明确到具体的行政区划，但是要具体到什么程度才可行？每个地方、每个村庄都要清楚自身的主体功能区发展要求和考核要求，这样即使是很小的地方，也都清楚自身发展的要求，而不是大家都去找投资、促增长。而且，对每个执行主体要进行针对性考核，并实施正负向激励机制。

（四）实施科学的跨区域补偿

依照上文，长江经济带主体功能区划分为四大类型，有的功能区没有经济收入，有的则经济收入微薄。这就需要进行跨区域补偿，确定补偿标准、补偿程序等，以确保经济收入欠缺的功能区在生态建设、社会发展、民生福利等方面的资金需求。如果没有科学的跨区域补偿，经济收入少的主体功能区建设的落实较困难，而且，各个功能区不同程度的生态建设也是不可能持续的。

长江经济带要高质量发展，规避无序低效竞争、产业同构、重复建设、分散投资等问题，就必须按照发展规律科学编制长江经济带主体功能区划，并将任务执行、差异化考核、跨区域补偿等作为配套措施，确保主体功能区划在实际建设中得以落地。这也是促成长江经济带的各个地区、各个城市实现错位发展、协调发展和有机融合的科学思路。

六、加快区域协调、战略规划、城市群、县域经济、财税体制发展

（一）重塑发展理念

长期以来，长江经济带各级领导干部深陷经济竞争的 GDP 晋升锦标赛中，要在生态环境约束下实现长江经济带经济的高质量发展，各级领导干部必须统一认识，重塑发展理念，并严格贯彻落实到长江经济带的经济管理实践中。具体来说，要向以下方面努力。一是沿江 11 省市各级政府要把生态修复和环境保护约束下的经济发展作为共同目标；二是各级领导干部要树立全局意识和服从意识，要从长江经济带全局出发制定本区域经济发展战

略与政策，坚持局部服从全局；三是各级领导干部要形成主动意识、担当意识和责任意识；四是各级领导干部要形成监督意识和问责意识；五是各级政府要根据长江经济带高质量发展目标重新构建一套干部考评制度和部门绩效指标评价体系。

（二）构建长江经济带区域协调机制、打造长江经济共同体

长江经济带沿江 11 省市各级领导干部要打破以往区域竞争的陈旧观念，要用全局的、长远的眼光看待长江经济带的未来发展，要把长江经济带作为一个利益共同体来看待，构建多层次、多元化的长江经济带区域协调机制。包括中央和省级政府之间的协调机制，省级政府及省市之间的协调机制，地市级政府及市县之间的协调机制等，具体协调内容可以包括投资项目的区域布局调整、投资资金的区域分配、专项转移支付的区域调整、产业的区域转移、共同市场的培育、生态利益的跨区域补偿等。区域协调机制可以通过建立专门的机构，制订共同的目标，出台相应的政策、制度、法规来实现，通过区域协调机制加强整个长江经济带各类资金、技术要素、项目布局的空间统筹，强化沿江 11 省市经济和生态的一体化联系，进而实现长江经济带一体化共同发展，形成真正意义上的长江经济共同体。

（三）及时制定长江经济带一体化发展战略规划

尽管沿江 11 省市及各地市（州）都制定了各自的“十三

五”规划，但大多基于各自的经济发展条件及需求制定的，难以考虑到整个长江经济带的整体发展和长远发展，很多方面并不一定符合长江经济带未来的发展要求。建议由中央推动长江经济带发展领导小组牵头，沿江 11 省市政府领导及相关部门负责人形成一个规划领导小组，邀请专家和其他政府部门人员参与组建规划小组，制定一个总体的、中长期的长江经济带一体化发展战略，明确长江经济带发展的总体生态目标、经济增长目标、产业结构优化目标等。在行业（产业）详规中明确不同行业的增长目标，包括行业规模控制、行业投资控制、项目的空间分布、污染控制等。通过规划，从全局和长远的角度来规范长江经济带的未来发展。

（四）积极推动长江经济带城市群发展

目前，从长江经济带城市化发展水平来看，长三角城市化水平较高，川滇黔地区城市化水平较低。目前这三大城市群产业结构同构化严重，城市群内部生产力布局不合理，要素流动不畅，产业整合难度较大，未来要重点抓好长三角城市群、中游城市群和成渝城市群的发展。一是要明确城市群中核心城市的功能定位，尤其要重点明确上海、南京、武汉、重庆、成都这 5 个城市的功能定位和产业定位，把这 5 大城市作为长江经济带内最重要的增长极进行培育；二是要加大长江经济带上中下游城市群尤其是三大城市群之间的城际合作，在人才、资金、市场、交通等方面加强政策协调，着力消除行政壁垒，推进以城市群联动发展带动长江经济带上中下游经济的协调增长；三是促进带内城市群之间的产业分工、专业化发展规划以及相关政策的协调统一。

（五）壮大优化县域经济

古语云："郡县治，天下安。"长江经济带县域数量众多，地域面积广阔，有各类县域1000多个，乡镇9000多个，人口约6亿。从目前情况来看，长江经济带县域经济差异巨大，长江下游县域经济远远超过中上游县域，相比而言，四川省、云南省、贵州省的广大少数民族地区县域经济尤为落后，但其生态地位又极其重要。未来长江经济带沿江11省市应该联合统筹县域经济发展，对带内1000多个县域进行基本的功能定位，统一进行划片规划，大体确定不同片区县域的产业发展方向。同时，还要加大对县域经济的扶持力度，中央政府和长江下游省市要加大对四川、云南、贵州等省县域的转移支付和对口援助，对一些处于禁止开发区和限制开发区的县域，可以通过提供资金、人才、技术等援助方式扶持其发展生态产业，形成规模化的生态经济。只有实现了县域经济的优化发展才能有整个长江经济带的高质量发展。

（六）深化财税体制、投融资体制、行政管理体制改革

长江经济带的高质量发展离不开体制机制的深化改革和创

新，也离不开各个区域财税、金融、信贷投资等政策的扶持。①中央政府和省级政府之间，省市各级政府之间要进一步明确财权和事权，做到财力和支出责任相匹配。一些跨省的公共项目应该由中央政府来承担或协调落实，跨地市（州）的项目要由省级政府来承担，跨县域的项目要由地市（州）政府来承担，在明确责任的同时，上级政府要对下级政府赋予相应的财权和财力。沿江 11 省市还应参照中央和省级之间的分税制政策，积极推进省级以下各级政府间的分税制改革，为长江经济带高质量发展创造更好的财税体制条件。②中央政府要进一步优化对沿江 11 省市的转移支付，适当加大对中上游省市的转移支付力度，适度放宽结转、结余资金的使用。③通过财税政策和投融资优惠政策扶持长江经济带产业发展，具体包括通过对战略性新兴产业、生态环保产业的企业加大减免税或延期纳税优惠，增加财政补助和信贷贴息，提高企业税前研发投入的扣除费用标准，放宽企业投融资标准，增加地方政府的发债额度等手段，促进长江经济带各企业的技术创新能力，壮大长江经济带发展的微观基础。④沿江 11 省市要加快清理区域性的各类行政政策，对于那些不利于长江经济带市场统一，不利于资金、人才、劳动力、技术、商品流动配置的行政政策要坚决清理、废止，尽快消除阻碍长江经济带发展的各类行政壁垒。

长江经济带作为我国未来经济的重要一极，其经济发展规模和结构直接影响到我国未来经济的空间格局，打造好长江经济带经济发展能力，对于实现我国区域经济均衡发展和国民经济的可持续性稳定增长，以及国际经济竞争力的提升具有重要作用。

七、以经济一体化推动长江经济带一体化发展

地理上的邻近性，文化、历史和意识形态上的相似之处，竞争或互补的经济联系以及共同语言是有效实施经济一体化的理想条件。由于长江经济带横跨东中西三大地带，带内自然环境、发展条件和阶段差异巨大，发展目标和利益诉求差异明显，因此，长江经济带一体化不可能一蹴而就，需要根据具体情况，因地制宜，分区域、分阶段推进一体化进程。近期重点通过价值链和产业分工引导产业跨区域转移，逐渐形成以都市圈、城市群为基础的地区分工与合作。与此同时，在长江经济带分区推进一体化：①在一体化条件成熟的长江下游地区或长三角地区，率先推进深度融合的一体化发展战略，推动长三角地区经济有机融合，打造具有国际竞争力和影响力的超级城市群和都市经济圈，形成对内、对外双向开放的经济高地；②在条件相对成熟的长江经济带中游地区，通过完善基础设施，稳步推进以武汉市、长沙市和南昌市为核心的城市群协同发展；③在条件相对不成熟的上游地区，积极推进以成渝城市群为基础的区域经济合作。为此建议中央及地方政府采取以下措施。

（一）深化体制改革

市场是经济一体化的天然推动力，而政府既可以是经济一体化的推动力量，也可能是阻碍经济一体化的“行政壁垒”。根据欧盟的一些成功经验来看，当政府职能符合市场经济要求时，市场机制在政府政策的引导下能够在推动区域经济一体化进程中发挥有效作用，因此，在推动长江经济带一体化过程中，要正确处理好政府和市场的关系，通过简政放权、负面清单，切实转变地方政府职能，强化市场在资源配置中的基础性作用，建立以服务为导向的竞争中性政府，为各类经济主体创造公平竞争的营商环境，为推进长江经济带一体化创造制度环境。

（二）组建长江流域管理局

借鉴美国 TVA（田纳西河流域管理局）模式，组建长江流域管理局，负责流域的生态保护和基础设施统一运营和管理。田纳西河流域管理局是 20 世纪美国罗斯福总统新政产物，是流域经济发展的典范。其既是联邦政府机构，又是企业法人。由于流域涉及多个州，1933 年美国国会通过专门立法，赋予其规划、开发、利用、保护流域内各种自然资源的权力。初期，政府为其提供了大量财政和税收支持。在长江经济带发展中，可借鉴 TVA 经验，整合长江流域相关机构，组建长江流域管理机构，全面负责长江流域相关基础设施和生态保护工作，为长江经济带一体化提高硬件支持。

（三）建立以制度和规则为基础的协调机制

借鉴欧盟一体化经验，建立以制度和规则为基础的协调机制，加强区际信息沟通和政策协调。一体化是国家和地区通过制定共同的制度和规则来提升合作、协调和融合的过程。目前，我国由于中央政府制定规划和地方政府之间磋商形成的规划或协议无法演变成有约束力的制度安排，国内区域一体化发展仍停留在非制度化层面，因此，为了有效推进经济一体化，需要建立以规则和制度为基础的区域协调机制，加强区际信息沟通和政策协调，将规划和协议落到实处。

（四）组建长江经济带发展银行

经济发展离不开金融支持，长江经济带中上游金融基础相对薄弱，金融对经济支持力度明显不足，组建长江经济带发展银行的目的是为长江经济带一体化基础设施建设和绿色发展提供政策性金融支持。银行注册资本由中央政府和相关省市共同提供。

（五）建立利益分享机制

支持长三角省市与中上游省市构建“飞地经济”合作模式，推进产业和资源跨地区转移，提升中上游省市中心城市增长动能。“飞地经济”是指在行政上不存在隶属关系的另一地建立自己的产业园区。“飞地经济”通过规划和税收分配等合作机制引导产业和要素的整体性转移，实现资源跨区域配置。长江经济带应在统筹规划基础上，在长江中上游选择一些具有发展前景的中心城市作为“飞地经济”合作对象，如湖北省武汉市、宜昌市，湖南省长沙市、衡阳市、岳阳市，江西省南昌市、九江市，四川省成都市、宜宾市等，提升相关城市经济增长动能，打造新的经济增长极。

（六）建立产业转移与生态保护联动的利益补偿机制

长江中上游是带内生态脆弱区、生态屏障区和经济相对落后区，长江下游则是经济发达区，生态保护受益区。在长江经济带内，长三角是产业转移区，中上游省市是产业转移承接区。作为产业转移区应该基于战略定位和区域分工，制定产业转出正面清单，对接产业转移承接区，腾笼换鸟；作为产业转移承接区要立足区域分工和生态优先原则，制定产业承接正、负面清单，搭建产业转移承接园区，主动筑巢引凤，因地制宜承接相关产业，构建产业集群，提升产业价值链。

（七）建立教育、医疗和科研资源共享机制

长江经济带高等教育、医疗和科研机构众多，但这些机构分布高度不均衡，长三角集中了带内大部分机构，中上游省市则相对不足，因此，推动这些机构跨省市合作，有利于促进相

关省市教育、医疗和科技发展，改善营商环境，对带动经济增长意义重大。

（八）改革户籍制度，建立统一的社会保障平台

人员自由流动是经济深度一体化的重要前提，在我国，由于户籍制度和社会保障因素，人员流动仍然存在诸多不便，因此，在长江经济带内试点户籍制度和社会保障制度改革，建立统一的社会保障平台非常必要。

八、启动“长江上游城市群经济区”规划建设

（一）推动“长江上游城市群经济区”规划建设的战略谋划

规划建设“长江上游城市群经济区”需要科学决策和系统谋划，必须从国家战略层面进行全局性、长远性和系统性的战略规划。具体而言，涉及如下五个方面。

1. 空间布局战略谋划

从国家战略高度来看，成渝城市群主要分布在四川盆地及其周边地域，大部分城市位于长江上游北岸及北部主要支流沿线，在整个“长江上游城市群经济区”中发挥着核心和主导作用，对整个经济区的辐射、带动和集聚作用效应较为显著。黔中城市群和滇中城市群大多数城市位于长江上游南岸及南部主要支流沿线，相互之间存在着密切的区域分工合作关系，与成

渝城市群形成均衡匹配之势。

2. **基础设施建设战略谋划**

“长江上游城市群经济区”规划建设过程中，需要对各个城市之间以及城市内部之间的基础设施建设进行系统谋划，特别是交通网络。随着成渝高铁、沪昆高铁、成贵高铁、渝黔铁路的开通，渝昆高铁、川南城际铁路、成昆铁路复线的建设，“长江上游城市群经济区”高铁网络体系逐渐形成。各个城市之间的交通基础设施体系日益完善并一体化，为“长江上游城市群经济区”的形成创造了基础设施和公共产品供给条件。建设过程中还可借鉴珠三角、长三角、中三角与环渤海城市群的成功经验。

3. **产业发展战略谋划**

谋划促进整个城市群经济区内部产业链体系、供应链体系和价值链体系的形成，通过这些体系把经济区各个城市连接为一个统一的经济体。无论是成渝城市群、黔中城市群还是滇中城市群，各个城市的资源禀赋、产业结构都有自己的特点，城市间产业布局需要相互协调，提高产业配置效率，减少产业间的错配和低效率恶性竞争，促进整个经济区产业结构优化和体系合理化。这是各个城市共同面临的问题。

4. **区域分工合作战略谋划**

不同城市群要形成一个一体化程度较高的经济区，需要形成科学合理的城市间分工合作关系。长江上游三大城市群之间已经形成某种自发特征的城市间、区域间分工合作关系，但这种历史上形成的合作还需要进一步深化，分工网络要进一步稠密化，区域合作水平要进一步提高。因此，在“长江上游城市群经济区”规划建设过程中，需要对经济区各个城市群之间、城市群的各个城市之间、各个城市内部之间的区域分工合作进行统一的、系统的战略谋划。

5. 区域发展战略与区域经济政策协调战略谋划

城市群经济区的形成过程，离不开中央与各级地方政府区域发展战略及政策间的相互协调和配合，如何协调各级政府的区域发展政策是规划与建设城市群经济区的重要前提。“长江上游城市群经济区”涉及四川、云南、贵州和重庆 4 个省级行政区，覆盖 35 个地市（区）级行政区，不仅需要中央政府的统筹指导和宏观协调，还需要县（区）、乡（镇）两级地方政府的配合与支持。规划建设“长江上游城市群经济区”需要从战略高度对各种层次和各种类型的区域发展战略与区域经济政策进行统筹协调，构建一体化的“长江上游城市群经济区”区域发展战略与区域经济政策体系，为该经济区发展提供良好的发展战略、政策及制度保障。

简言之，规划建设“长江上游城市群经济区”需要从战略高度进行统筹协调与长远谋划，涉及经济区的空间布局、基础设施建设、产业发展、区域分工合作、区域发展战略与区域经济政策协调等方面。为了使“长江上游城市群经济区”规划建设能够顺利推进，需要制定和实施相应的配套措施和政策。

（二）推动“长江上游城市群经济区”规划建设的政策建议

1. 组建长江上游城市群经济区规划建设领导机构

鉴于四川省在整个“长江上游城市群经济区”中城市数量最多、经济规模最大和带动辐射功能最强，建议在中央政府的统一安排下，由四川省人民政府发起和倡导，四川、云南、贵州和重庆四个省级行政区地方政府共同组建“长江上游城市群经济区规划建设领导小组”，在中央政府的统筹安排与全面协调下，充分发挥各个省级行政区地方政府的积极性，在各级基层地方政府的密切配合下，稳定有序推进“长江上游城市群经济区”的规划与建设。

建议由国家发展改革委牵头，四川、云南、贵州和重庆四个省级行政区的发展改革委参与，共同组建“长江上游城市群经济区规划建设办公室”。作为领导小组的常设办事机构，负责“长江上游城市群经济区”的日常规划、政策协调与建设工作。

长江上游城市群经济区规划建设领导机构组织结构如图 3－1 所示。

2. 设立决策咨询机构

规划建设“长江上游城市群经济区”需要科学决策，需要吸收社会各界特别是决策层和相关专家的参与。建议设立“长江上游城市群经济区决策咨询委员会”，吸收决策机构负责人和相关专家学者，为“长江上游城市群经济区”建设战略与政策问题提供

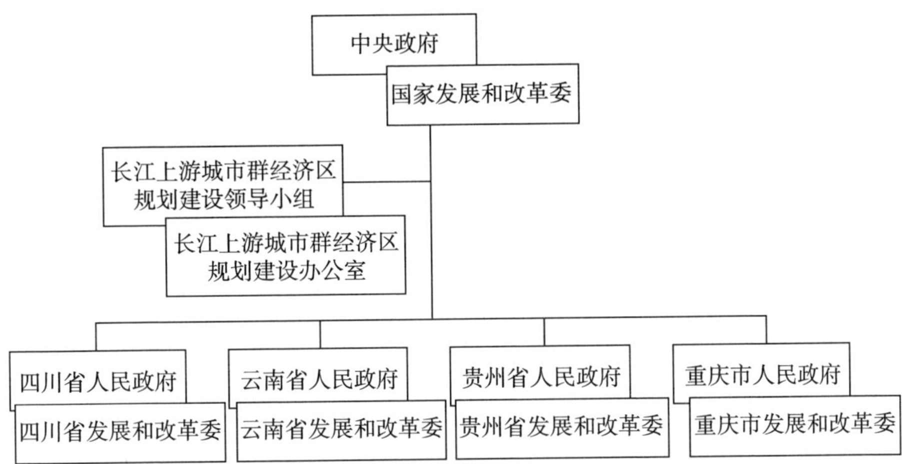

图3－1　长江上游城市群经济区规划建设领导机构组织结构

决策咨询，保证决策的合理性、科学性、广泛参与性和代表性。

3. **制定区域发展战略规划**

建议在长江上游城市群经济区规划建设领导小组的领导下，在长江上游城市群经济区规划建设办公室的协调下，在吸收决策咨询委员会咨询建议的基础上，由四川、云南、贵州和重庆四个省级行政区地方政府共同参与制定《长江上游城市群经济区发展战略规划》，对本经济区的交通基础设施建设、城镇空间布局、产业发展布局和区域经济发展进行战略规划。

4. **制定区域发展政策**

为了落实《长江上游城市群经济区发展战略规划》，各级地方政府需要根据本地区自然资源与地理区位、经济发展基础和比较优势制定相应的区域发展政策，同时协调好中央和各级地方政府之间的区域政策目标和政策工具，形成分工明确、体系配套的区域经济政策体系，推动“长江上游城市群经济区”的形成与发展。

5. 推动与落实

“长江上游城市群经济区”的规划建设是一个长期的过程，不仅需要中央及四川、云南、贵州和重庆4个省级行政区地方政府的共同努力和协调配合，还需要倡导推动者。在省级地方政府中，四川省人民政府需要承担起倡导推动者的责任和担当，因为“长江上游城市群经济区”覆盖的城市中，来自四川省的地级市数量最多，整体经济实力和影响效应也最显著。四川省宜宾市位于“长江上游城市群经济区”的中心和核心地域，是与川、滇、黔、渝四省（直辖市）联系最为密切的地级市，需要并且能够成为“长江上游城市群经济区”规划建设的主要发起城市和倡导城市，并承担起该规划建设的中心协调者和核心推动者。

简言之，“长江上游城市群经济区”的规划建设需要组建领导机构、常设办公室和决策咨询机构，在中央及四川、云南、贵州和重庆四个省级行政区地方政府的共同领导和参与下，有序推进，共同制定经济区发展战略规划并通过协调一致的区域发展政策加以落实。

九、加快“长江经济带+自贸区”发展

（一）推动自贸区建设，加快“长江经济带+自贸区”发展

长江经济带横贯中国东、中、西部，长三角地区在对外开放

的资源和基础上具有明显优势，对于沿线的内陆地区却不具备。为此，充分发挥自贸区对外开放重要功能和优势，促进长江经济带在金融、航运、商贸、文化和社会服务等领域扩大开放，促进长三角城市群、长江中游城市群和成渝城市群联动发展，为长江经济带开放式发展打开新局面。

1. 有序发展，错位竞争

针对长江经济带存在东、中、西部发展不均、市场割据的现象，与自贸区的合作要找准各地区发展需求，合理分配产业发展任务，通过长江经济带的高效连接达到平衡的联动发展形态。

①下游：高新出口＋智能制造。长三角地区具备较好的科技实力、经济基础，可以以高新产品的深度加工为主，作为新动能的培育试点基地，为中西部地区转型注入活力。利用自贸区发展金融、高科技研发、智能制造、国际出口贸易等，为长江经济带及沿线自贸区营造便利的贸易营商环境。

②中游：贸工结合＋现代服务。利用自贸区吸引的原材料和长江经济带自身工业功底，对原料、辅料、元件进行装配和加工，自由贸易和工业制造结合发展。提升现代服务水平，做好承东启西的区位运输支撑、服务支撑，提供初级的产品配件，进行老旧产业的生态转型，保障下游的环境质量。

③上游：转口集散＋绿色经济。上游的云南、贵州虽然没有自贸区，但是其主要以旅游生态业为主，生态保护具有优势。可以发展大数据、人工智能、循环经济、清洁能源等产业，探索绿

色经济发展模式，为中下游打牢绿色生态屏障。另外，搭建与东南亚国家的便利物流运输，作为中下游地区的转口集散中心和保税仓储库。

2. 生态优先，产业转型

要正确认识长江经济带经济发展与生态环境保护之间的辩证关系，突出污染治理与生态建设并重，推进长江经济带绿色发展。自贸区绿色发展是构建长江经济带高质量发展现代化经济体系的必然要求。自贸区建设要以绿色发展为理念，以资源节约、保护环境、污染可控为导向，加快推进绿色智慧城市、绿色建筑、绿色供应链、绿色低碳循环发展产业体系等建设步伐，推动长江经济带 11 省市经济低碳循环、节约高效发展。大力推进自贸区绿色发展进程，使自贸区成为长江经济带节约资源和保护环境示范区。推动建立绿色低碳循环发展产业体系，构建科学合理的城市化格局、农业发展格局、生态安全格局，实施近零碳排放区示范工程，推动低碳循环发展，全面节约和高效利用资源等。

3. 优化体制，联动发展

可在中央或国务院层面，成立长江经济带自贸区联动发展小组，改革领导考评制度，淡化 GDP 考核，改变狭隘的地方政绩观。建议对各自贸区领导班子按照是否推进了贸易便利化、是否推进了投资便利化、是否推进了金融改革、是否推进了监管体制改革进行考评，而不是根据招商引资的数量、创造地方政绩的情况进行考评。除了考评其为本地区、本省做出的贡献以外，也要考虑其为其他自贸区发展做出的贡献，尤其鼓励那些整体性、制度性、全局性的改革创新。对于闯关的人才和领导者，要给予鼓励和激励，承诺不因改革创新而上纲上线，不乱扣帽子。建立联合研究智库，联合攻关，推动自贸区单独立法，对接国际标准。目前自贸区部分金融改革政策不能落地，主要原因是与现有监管部门、监管条例、区外政策不协调。如长江经济带已建立的5个自贸区联动发展，可以联合其他自贸区，学习当年深圳市的经验，请全国人大授予自贸区立法权，使得新一轮改革开放取得突破性进展。在金融改革这些难点问题上，组织力量集中突破。

4. 紧抓机遇，开放布局

长江经济带与“一带一路”建设的深度融合，为长江经济带迎来开放利好机遇。2017年新开通的中欧班列，解决了“一带一路”与长江经济带“最后一公里”的问题，这为沿江内陆省市对外开放提供了新路径，促进了“一带一路”相关国家、中国西部地区与长江经济带沿线城市的互联互通。长江经济带应以5个自贸区为基础，加速形成对外开放的重要平台，在推动“引进来”和“走出去”方面发挥重要作用，再创长江经济带对外开放新格局，建设长江中游经济带的开放高地，培育开放型经济发展新优势，全面提高开放型经济水平。充分发挥长江经济带水运优势，能促进5个自贸区之间的产业互动，连接长江经济带与自贸区之间的错位发展。健全长江经济带+自贸区+“一带一路”的合作机制，健全口岸服务，加强港口分工协作，有效促进自贸区的运输、物流、仓储和分拨，完善自贸区供应链，提升综合实力和国际竞争力。

同样，自贸区能为长江经济带吸引资金、人才、技术、产业，衍生新兴产业群。长江经济带利用自身工业基础，对自贸区带来的红利进行优质原材料深度加工，利用各区红利势能，形成高端要素沉积，提升经济效益，扩大长江经济带区域一体化开放发展水平。

（二）探索建立沿长江经济带自由贸易区集群和自由贸易港试验区

当前，制度创新应成为探索建立沿长江经济带自由贸易区集群和自由贸易港试验区的突破口。

1. 营造良好的营商环境，做强做优做大长江经济带经济蛋糕

良好的营商环境，是一个地区发展的软实力。营造友善、宽容、探索和高效的营商环境，实现先进制造业和现代服务业的高质量发展，是探索建立沿长江经济带自由贸易区集群和自由贸易港试验区重要的经济基础。

2. 构建好人才支撑体系，保障沿长江经济带自由贸易区集群和自由贸易港试验区的各类人才供给

人才是第一竞争力，要探索建立沿长江经济带自由贸易区集群和自由贸易港试验区，最根本的是要有高质量的人才，尤其是创新性复合型人才。长江经济带是我国重要的创新高地，实现区域人才储备和开发战略，构建由科学家、工程师、技术人员、技术工人和现代生产性服务者组成的人才支撑体系，是其必然选择。

3. 打破体制机制障碍，形成科学性和统一性相互结合的发展规划

从新加坡和香港自由贸易区和自由港的实践中可以看出，形成科学性和统一性相互结合的发展规划，是构建高质量自由贸易区和自由贸易港试验区的关键所在。探索建立沿长江经济带自由贸易区集群和自由贸易港试验区，需要在创新机制的基础上，做好统筹规划，进一步做好区域间的分工协调工作，落实好简政放权，让政府扮演好创新“服务者”的角色。

4. 对接国家区域发展战略，形成区域性分工协同体系

探索建立沿长江经济带自由贸易区集群和自由贸易港试验区，是支持长江经济带发展战略落实落细的重要一招。长江经济带具有较好的经济发展基础，需要进一步整合自由贸易试验区的资源，形成区域性的分工和协作体系，实现基础设施和公共服务的共建共享，提升区域整体的竞争力。

5. 支持自由贸易区集群和自由贸易港试验区成为对接“一带一路”倡议的重要窗口

通过建立沿长江经济带自由贸易区集群和自由贸易港试验区，进一步扩大开放，引进高质量外资、发展高质量的技术和服务贸易、引进高质量的国际性创业和创新团队，提升长江经济带沿线城市的创新能力和竞争力。

6. 试点建立成都双流—简阳双国际机场航空港自由贸易港片区等

通过试点建立成都双流—简阳双国际机场航空港自由贸易港试验区等，探索依托海港、内河港和航空港建立自由贸易港的经验，为进一步实现内陆地区和长江经济带扩大开放进行实践和理论探索。

十、建立乡村发展创业投资基金

我国在20世纪90年代中后期，开始引入创业投资这一金融新范式，但目前创业投资仍然主要集中在沿海的一些大城市，很少涉及农村地区和农业相关项目，这一方面是因为创业投资最初是与科技创新和创业活动有关，另一方面是因为在乡村地区缺乏合适的发展土壤。但随着中国经济发展进入新时期，乡村振兴作为一项国家战略被提出，乡村发展也正式纳入国家现代化进程，这无疑将有效激活乡村地区的创新创业活动。乡村创新创业活动离不开创业投资的支持，为此，需要借鉴国际经验，在我国乡村振兴战略过程中引入创业投资机制，推动乡村金融体系供给侧结构性改革，优化乡村金融供给结构。

（一）支持乡村地区创新创业活动

通过建立乡村振兴政府引导基金，引导民间资本在乡村地区设立股权或创业投资基金进行股权投资，支持乡村地区创新创业活动。乡村产业振兴离不开乡村创业。在乡村地区发展企业，创造就业机会和财富，企业家需要有创业基金股权融资支持。因此，为了促进乡村产业发展，支持乡村创业创新，有必要借鉴美国的乡村社区发展创业投资基金和乡村企业投资公司模式，统筹规划和运用中央政府、地方政府各项支农资金，建立政府乡村振兴创业投资引导基金，引导专业投资管理机构，建立乡村发展创业投资基金和乡村企业投资公司进行股权投资，支持乡村创新创业，推动乡村产业振兴。

（二）发挥长江下游先行者的作用

长江下游的江浙地区曾是我国乡镇和民间创业最为活跃的地区，也是当前特色小镇建设的先行者。因此，在新时代，该地区应该成为乡村振兴的领头羊，带动长江经济带率先实现乡村振兴。我们提出如下建议：①以长江经济带发展战略和乡村振兴战略为指导，由中央政府及相关部委，如国家发改委、财政部、农业农村部等负责组建长江经济带乡村发展创业投资基金和长江经济带乡村企业投资公司，专门从事针对长江经济带地区乡村创新创业型企业和特色产业进行股权投资；②以长江经济带为依托，各地政府通过建立跨区域的乡村创业投资政府引导基金和农业区域投资公司，直接或者间接引导民间资本设立专门针对乡村地区创业投资基金，对区域内乡村企业家创业进行股权投资，支持区域内乡村企业家创新创业，发展特色产业和生态农业，培育乡村经济新动能，实现长江经济带乡村振兴。具体地，可以根据上中下游地区乡村经济差异，分别设立上游地区绿色产业发展基金，中游地区产业转移承接基金，下游地区产业升级基金等。

（三）运用财政、税收、信贷等优惠政策

支持民间创业投资机构设立专门针对乡村创新创业的投资基金，为乡村地区企业家创业提供股权融资和企业增值服务，推动被投企业成长，培育乡村经济增长新动能。

（四）资本市场是创业投资价值实现的主要通道

建议相关部门支持符合条件的乡村企业在中小板、创业板上市，在新三板和区域性股权交易市场挂牌交易，优化乡村企业上市和挂牌流程，缩短上市和挂牌周期，推动乡村地区企业做大做强，最终实现乡村振兴目标。

十一、加强农村人居环境整治

（一）形成强有力的组织保证

建议组织成立由不同部门人员组成的从省到县的专门领导小组，负责制定长江经济带农村人居环境建设工作的计划并落实。构建以县（市、区）为主导，乡镇为主体，村社为辅助，农村全员参与的多中心复合治理体系。对于面积和人口规模较大的乡

镇，或者经济发展规模和水平较高的乡镇，成立专门的领导小组配合执行长江经济带乡村人居环境建设工作。对于没有条件的乡镇，也应该确定专门人员或机构负责该项工作。

（二）坚持规划先行、科学设计

1. 坚持不规划、不建设的原则，加快编制《改善长江经济带农村人居环境建设规划》的步伐

规划要从县（市、区）级开始编制，扩展到乡镇和村社一级，以县（市、区）级政府为责任主体，以乡镇政府为规划执行主体，以农户和企业为建设主体。以县（市、区）级规划为纲统领全县（市、区）长江经济带农村人居环境发展规划，以乡镇级规划为重点，以村社规划为补充。

2. 规划编制要全面

规划编制要包含长江经济带农村人居环境建设的总体规划、详细规划和专项规划，内容要涵盖农村房屋、水源、垃圾处理、公益设施布局、工矿企业布局等涉及人居环境的各个方面。

3. 规划编制要广泛征求社会各界意见

把领导设想、专家意见和农民群众的诉求相结合，把长江经济带农村人居环境建设规划编制和地方经济发展规划、产业规划、环境治理规划、国土整治规划等相衔接，突出地域、文化特色，既要体现和符合县域经济发展的战略要求，更要兼顾农村群众的实际需要。

4. 规划要严格落实执行，把各项要求落到实处，避免“纸上画画，墙上挂挂”的现象出现

尤其是最终落实环节，要向农民群众加强宣传，加强监督，避免或减少农村建设中的随意修建、乱拆乱建现象。县（市、区）、乡镇政府要明确任务目标、实施步骤和阶段重点。在责任落实上，进行明确任务分工，制定任务分解表，明确牵头单位和责任单位，落实乡镇、村社主体责任，县（市、区）级政府可以与各乡镇政府签订责任书、目标书，乡镇将各项任务全部落实到具体责任人，确保规划落到实处。

5. 省级政府要积极指导各编制、规划

省级政府对规划的编制进行宏观指导，省住建厅牵头制定全省长江经济带农村人居环境规划编制的指导意见，省财政厅给予必要的补助，选择高水平有资质的机构编制规划，要积极支持乡镇政府组织编制村庄规划，把保证规划的实施作为考核党政干部政绩的重要内容。

（三）加强农村住房建设管理

1. 合理分布房屋及人口

按照“撤小村、并大村、建新村”的思路，加强农村人口的空间分布调节，形成科学合理的农村房屋布局和人口分布。

2. 系统化、一体化设计、建造房屋

县（市、区）、乡镇政府要向农民群众建房提供积极有效的建筑设计建议，引导农民在房屋建设过程中把传统的建筑艺术和现代的建筑文明相结合，注意把起居室、厨房、卫生间、洗浴设施、生活污水排放等结合起来进行房屋的系统化和一体化设计及建造。

3. 对农村住房进行区分

目前农村住房建设情况比较复杂，传统民居形式多样，地方各级政府要在充分调查研究的基础上，根据实际情况分门别类对待。对于在原宅基地上重新建房、原址进行危房改造、新址新建住房，以及根据村庄或乡镇整体规划搬迁新建房屋的不同情况，制定不同的扶持政策。

4. 加强支出管理及效率

在农村房屋改建、新建过程中，要加强扶持资金管理，采取补贴和奖励相结合，以奖为主、补贴为辅或者以奖代补的形式，以提高资金使用效率。无论采取哪种方式，政府都要加强支出管理，强化支出效率。

（四）加强农村饮用水水源地的环境保护

把防止污水、废水、废渣的乱排乱放和水资源的保护结合起来，做到先防后治，边防边治，防治结合。

1. 加强水源地监测、管理

结合主体功能区规划，划定农村集中式饮用水水源保护区，依法取缔保护区内的排污口，加强对分散水源地的监测与管理。

2. 要强化农村生活污水处理

生活污水处理一般有两种：一种是建设中小型污水处理站，将几十户、上百户村民分散排放的生活污水通过管网或自然沟渠收集起来相对集中处理；另一种是通过简易设施就地分散处理。

3. 加强环境监管，从源头上减少污染排放

要落实环评制度，加强环境监管，遏制企业违规排放。同时加大节能减排力度，发展循环经济，从源头上减少污染排放。加强对工农业用地的环境监测和评估，积极防治土壤污染。

4. 加强畜禽和水产养殖污染防治

要加强畜禽和水产养殖污染防治，积极推广测土配方施肥，防治农业和农村面源污染。

5. 加强水源监测

加强重点流域水资源的污染监测，加强对群众反映强烈、环境问题突出的村庄、乡镇的污染整治。

（五）加快农村基础设施建设

1. 强化农村交通路网建设

从已有情况看，农村道路规划不合理，很多村子只有一条道路，难以满足实际需要，建议强化农村交通路网建设，形成网状的农村道路结构；提高农村道路建设的质量标准，尽量实现村街道路硬化。此外，还要提高农村的公路、公交客运服务水平，缩短发车间隔时间，提高公交运行速度、效率。

2. 加大互联网在农村的推广和使用

目前，绝大部分农村还缺乏互联网，乡镇居民也只是部分地方安装了互联网，而广大的农村群众基本上不懂互联网的使用，因此，必须进一步加大互联网在农村地区的推广和使用。

3. 普及沼气池、太阳能等设施

政府要鼓励农村建设沼气池，充分利用沼气能源，加大太阳能设施在农村的普及。

4. 构建污水及垃圾处理系统

要加大污水、废料等垃圾处理设施的建设，科学合理布局污水处理厂和垃圾填埋场，加快污水排放管网建设，强化垃圾的分拣、运输和处理，构建一个覆盖乡镇、村社的污水及垃圾处理系统。

5. 政府引导与市场推进相结合

鼓励各类社会资本进入农村环境基础设施建设和经营领域，有效提高公共品供给水平。

（六）构建各类保障机制

保障机制主要包括：跟踪机制、问责机制、监督评估机制、宣传机制、管护机制、参与机制、协调机制以及奖惩机制等。

（七）加快相关立法和建设标准的制定

目前，我国诸多环境法规如《中华人民共和国环境保护法》《中华人民共和国水污染防治法》等对农村环境管理和污染治理的具体困难考虑不够，例如，目前对污染物排放实行的总量控制制度只对点源污染的控制有效而对解决面源污染问题的意义不大，对诸多小型企业的污染监控也由于成本过高而难以实现。

1. 建议中央政府及时修改或出台有关农村人居环境保护的相关法规

尽管《中华人民共和国环境保护法》第十条规定涉及农村环境保护，但不够系统且都是一些原则性的概述，缺乏有针对性的具体规定，建议将保障农民环境权写入法律条文之中，制定一批具有针对性的专门法，如农村环境保护法、农村清洁生产促进法、土壤污染防治法、农村环境影响评价法等。同时，建议沿江11省市可以率先联合制定颁布有关长江经济带农村人居环境的相关法律法规。

2. 尽快制定和出台长江经济带农村人居环境建设和发展的相关标准

现行的环境标准如大气环境保护标准、水环境保护标准、环境噪声与振动标准等相关内容主要是针对城市人居环境的。适用于农村地区的环保标准只有《畜禽养殖业污染物排放标准》《农田灌溉水质标准》《渔业水质标准》等少数服务于农业生产的标准。而在直接涉及长江经济带农村人居环境，如土壤污染、农药使用、生活和农业污水污染、农村饮用水以及饮用水源保护、农业植物基因资源等方面，相关的标准均未明确。建议中央相关部门联合制定一个涵盖宪法—基本法—专门法—相关标准—补充性法规条例的系统完善且有针对性的长江经济带农村人居环境与资源保护法律体系。长江经济带沿江 11 省市政府也可以率先联合制定相关标准。

十二、优化营商法治环境

（一）引入“留得住”指标与“本地开花”指标

长江经济带各省市应逐渐减少对“促进型”政策的依赖，清理各项可能产生区别对待的优惠政策、“马上办”政策，通过引进民营企业在当地的经营年限、投诉次数、分公司设立情况、群体性纠纷事件发生次数等指标，对基层政府“留得住”情况进行评价。对基层政府“本地开花”情况，则主要通过本地人口新设民营企业数量、经营年限、政府办事满意度等指标，进行评价。各省、直辖市政府还可通过省级舆情监督中心，对民营企业营商法治环境满意程度进行监测，促进基层政府以适当方式解决民营企业所遭遇的法治难题。

（二）建立高效、闭环的民营企业法治难题解决机制

长江流域内基层政府可在“营商办”中设置专门的民营企业投诉机制，对民营企业经常反映的法治难题进行收集、整理，由

"营商办"牵头组织解决。以四川省宜宾市为例，地方"营商办""招商办"直接由市委、市政府领导牵头协调，各部门共同解决反馈上来的法治难题，避免出现"旋转门"情况，形成"凡投诉必有回应"的工作机制。

（三）在法律框架内形成"柔性执法"清单

市场基层治理的过程，不只是完成上级政府交代的任务，还是恰当运用职权解决民营企业面临的法治难题，向市场释放温情与善意的人文过程。《中华人民共和国行政处罚法》第二十七条规定，违法行为轻微并及时纠正，没有造成危害后果的，不予行政处罚。但面对可能出现的行政风险，基层执法人员经常"一刀切"，对真正"违法行为轻微"的行为也进行较重处罚，加重企业负担。上海市针对这一情况，推出了《市场轻微违法违规经营行为免罚清单》。地方可在调研的基础上，形成各地"柔性执法"清单，为基层执法人员恰当运用职权，解决"僵硬执法"问题提供指引与依据。

（四）形成规制学习机制

形成长江经济带流域内地方政府与民营企业、地方政府之间、社会主体与民营企业之间的规制学习机制。规制学习机制包括三个方面：一是通过透明、有效的程序性规则，提升地方政府与民营企业之间双向传递规制政策、规制经验的准确度与效率；二是通过有效的交流机制，打通民营企业与相关社会主体之间的规制交流，消除双方误解；三是流域内地方政府之间形成规制经验的畅通交流，“以点带面”形成长江经济带全流域的良好营商法治环境。地方“营商办”“招商办”可搭建学习平台，围绕规制中的法治难题，展开地方政府与各类民营企业的定期沟通与学习，形成地方规制经验交流的长效机制。

附录1　习近平在推动长江经济带发展座谈会上强调　走生态优先绿色发展之路让中华民族母亲河永葆生机活力

新华社重庆1月7日电　中共中央总书记、国家主席、中央军委主席习近平5日在重庆召开推动长江经济带发展座谈会，听取有关省市和国务院有关部门对推动长江经济带发展的意见和建议。他强调，长江是中华民族的母亲河，也是中华民族发展的重要支撑。推动长江经济带发展必须从中华民族长远利益考虑，走生态优先、绿色发展之路，使绿水青山产生巨大生态效益、经济效益、社会效益，使母亲河永葆生机活力。

中共中央政治局常委、国务院副总理、推动长江经济带发展领导小组组长张高丽出席座谈会并讲话。

习近平在重庆调研期间召开这次座谈会，就推动长江经济带发展听取上海、江苏、浙江、安徽、江西、湖北、湖南、重庆、四川、贵州、云南党委主要负责同志和国务院有关部门负责同志的意见和建议。座谈会上，重庆市委书记、上海市委书记韩正、湖北省委书记李鸿忠、国家发展改革委主任徐绍史、环境保护部部长陈吉宁等 5 位同志发言。他们结合实际，从不同角度就推动长江经济带发展有关问题谈了认识和看法。习近平边听边记，不时同他们讨论交流。在听取大家发言后，习近平发表重要讲话。

习近平指出，推动长江经济带发展是国家一项重大区域发展战略。这一战略提出以来，推动长江经济带发展领导小组、国务院有关部门和沿江省市做了大量工作，在整治航道、利用水资源、控制和治理沿江污染、推动通关和检验检疫一体化等方面取得积极成效，一批重大工程建设顺利推进。这些工作值得肯定。

习近平强调，长江、黄河都是中华民族的发源地，都是中华民族的摇篮。通观中华文明发展史，从巴山蜀水到江南水乡，长江流域人杰地灵，陶冶历代思想精英，涌现无数风流人物。千百年来，长江流域以水为纽带，连接上下游、左右岸、干支流，形成经济社会大系统，今天仍然是连接丝绸之路经济带和 21 世纪海上丝绸之路的重要纽带。新中国成立以来特别是改革开放以来，长江流域经济社会迅猛发展，综合实力快速提升，是我国经济重心所在、活力所在。长江和长江经济带的地位和作用，说明推动长江经济带发展必须坚持生态优先、绿色发展的战略定位，这不仅是对自然规律的尊重，也是对经济规律、社会规律的尊重。

习近平指出，长江拥有独特的生态系统，是我国重要的生态宝库。当前和今后相当长一个时期，要把修复长江生态环境摆在压倒性位置，共抓大保护，不搞大开发。要把实施重大生态修复工程作为推动长江经济带发展项目的优先选项，实施好长江防护林体系建设、水土流失及岩溶地区石漠化治理、退耕还林还草、水土保持、河湖和湿地生态保护修复等工程，增强水源涵养、水土保持等生态功能。要用改革创新的办法抓长江生态保护。要在生态环境容量上过紧日子的前提下，依托长江水道，统筹岸上水上，正确处理防洪、通航、发电的矛盾，自觉推动绿色循环低碳发展，有条件的地区率先形成节约能源资源和保护生态环境的产业结构、增长方式、消费模式，真正使黄金水道产生黄金效益。

习近平强调，长江经济带作为流域经济，涉及水、路、港、岸、产、城和生物、湿地、环境等多个方面，是一个整体，必须全面把握、统筹谋划。要增强系统思维，统筹各地改革发展、各项区际政策、各领域建设、各种资源要素，使沿江各省市协同作用更明显，促进长江经济带实现上中下游协同发展、东中西部互动合作，把长江经济带建设成为我国生态文明建设的先行示范带、创新驱动带、协调发展带。要优化已有岸线使用效率，把水安全、防洪、治污、港岸、交通、景观等融为一体，抓紧解决沿江工业、港口岸线无序发展的问题。要优化长江经济带城市群布局，坚持大中小结合、东中西联动，依托长三角、长江中游、成渝这三大城市群带动长江经济带发展。

习近平指出，推动长江经济带发展必须建立统筹协调、规划引领、市场运作的领导体制和工作机制。推动长江经济带发展领导小组要更好发挥统领作用。发展规划要着眼战略全局、切合实际，发挥引领约束功能。保护生态环境、建立统一市场、加快转方式调结构，这是已经明确的方向和重点，要用“快思维”、做加法。而科学利用水资源、优化产业布局、统筹港口岸线资源和安排一些重大投资项目，如果一时看不透，或者认识不统一，则要用“慢思维”，有时就要做减法。对一些二选一甚至多选一的“两难”“多难”问题，要科学论证，比较选优。对那些不能做的事情，要列出负面清单。市场、开放是推动长江经济带发展的重要动力。推动长江经济带发展，要使市场在资源配置中起决定性作用，更好发挥政府作用。沿江省市要加快政府职能转变，提高公共服务水平，创造良好市场环境。沿江省市和国家相关部门要在思想认识上形成一条心，在实际行动中形成一盘棋，共同努力把长江经济带建成生态更优美、交通更顺畅、经济更协调、市场更统一、机制更科学的黄金经济带。

张高丽在讲话中表示，今年是长江经济带发展全面推进之年，要深入学习贯彻习近平总书记系列重要讲话精神，贯彻落实创新、协调、绿色、开放、共享的发展理念，推动长江经济带发展取得更大成效。要把改善长江流域生态环境作为最紧迫而重大的任务，加强流域生态系统修复和环境综合治理，大力构建绿色生态廊道。把长江黄金水道作为重要依托，抓好航道畅通、枢纽互通、江海联通、关检直通，高起点高水平建设综合立体交通走廊。把引导产业优化布局作为协调协同发展重点，坚持创新发展，着力建设现代产业走廊。把推动新型城镇化作为重要抓手，为区域经济协调发展提供重要支撑。把改革开放作为根本依靠，加强与“一带一路”倡议衔接互动，培育全方位对外开放新优势。

王沪宁、栗战书和中央有关部门负责同志参加座谈会。

资料来源：http：//www. gov. cn/xinwen/2016 – 01/07/content5031289. htm

附录2 习近平：在深入推动长江经济带发展座谈会上的讲话

（2018年4月26日）

习近平

这次座谈会是我主持召开的第二次长江经济带发展座谈会。上一次是2016年1月在长江上游的重庆召开，这一次放在长江中游的武汉召开。

推动长江经济带发展是党中央作出的重大决策，是关系国家发展全局的重大战略，对实现“两个一百年”奋斗目标、实现中华民族伟大复兴的中国梦具有重要意义。

总体上看，实施长江经济带发展战略要加大力度。这是我这次调研和召开座谈会的目的。这几天，我先后到宜昌、荆州、岳阳、武汉以及三峡坝区等地，考察了企业转型发展、化工企业搬迁、非法码头整治、污染治理、河势控制和护岸工程、航道治理、湿地修复、水文站水文监测工作等方面的情况，还到乡村、企业、社区等地作了调研，沿途听取了湖北、湖南有关负责同志关于本省参与长江经济带发展的情况汇报。刚才，又听取了国家发展改革委、生态环境部、交通运输部、水利部负责同志和部分省市负责同志的发言，韩正同志也作了讲话。下面，结合调研情况和同志们的发言，我就3个问题讲点意见。

第一个问题：全面把握长江经济带发展的形势和任务。

2016年1月5日，我在重庆主持召开的推动长江经济带发展座谈会上强调，长江是中华民族的母亲河，也是中华民族发展的重要支撑；推动长江经济带发展必须从中华民族长远利益考虑，把修复长江生态环境摆在压倒性位置，共抓大保护、不搞大开发，努力把长江经济带建设成为生态更优美、交通更顺畅、经济更协调、市场更统一、机制更科学的黄金经济带，探索出一条生态优先、绿色发展新路子。

两年多来，推动长江经济带发展领导小组办公室会同国务院有关部门、沿江省市做了大量工作，在强化顶层设计、改善生态环境、促进转型发展、探索体制机制改革等方面取得了积极进展。一是规划政策体系不断完善，《长江经济带发展规划纲要》及10个专项规划印发实施，超过10个各领域政策文件出台实施。二是共抓大保护格局基本确立，开展系列专项整治行动，非法码头中有959座已彻底拆除、402座已基本整改规范，饮用水源地、入河排污口、化工污染、固体废物等专项整治行动扎实开展，长江水质优良比例由2015年底的74.3%提高到2017年三季度的77.3%。三是综合立体交通走廊建设加快推进，产业转型升级取得积极进展，新型城镇化持续推进，对外开放水平明显提升，经济保持稳定增长势头，长江沿线 11 省市的地区生产总值占全国比重超过了 45%。四是聚焦民生改善重点问题，扎实推进基本公共服务均等化，人民生活水平明显提高。

在肯定成绩的同时，我们也要清醒看到面临的困难挑战和突出问题。

一是对长江经济带发展战略仍存在一些片面认识。两年多来，各级领导干部思想认识不断深化，但也有些人的认识不全面、不深入。有的认为共抓大保护、不搞大开发就是不发展了，没有辩证看待经济发展和生态环境保护的关系。有的仍然受先污染后治理、先破坏后修复的旧观念影响，认为在追赶发展阶段“环境代价还是得付”，对共抓大保护重要性认识不足。有的环境治理和修复项目推进进度偏慢、办法不多，甚至以缺少资金、治理难度大等理由拖延搪塞。这反映出一些同志在抓生态环境保护上主动性不足、创造性不够，思想上的结还没有真正解开。

二是生态环境形势依然严峻。流域生态功能退化依然严重，长江“双肾”洞庭湖、鄱阳湖频频干旱见底，接近 30% 的重要湖库仍处于富营养化状态，长江生物完整性指数到了最差的“无鱼”等级。沿江产业发展惯性较大，污染物排放基数大，废水、化学需氧量、氨氮排放量分别占全国的 43%、37%、43%。长江岸线、港口乱占滥用、占而不用、多占少用、粗放利用的问题仍然突出。流域环境风险隐患突出，长江经济带内 30% 的环境风险企业位于饮用水源地周边 5 公里范围内，生产储运区交替分布。干线港口危险化学品年吞吐量达 1.7 亿吨、超过 250 种，运输量仍以年均近 10% 的速度增长。同时，出现了一些新问题，比如固体危废品跨区域违法倾倒呈多发态势，污染产业向中上游转移风险隐患加剧，等等。

三是生态环境协同保护体制机制亟待建立健全。统分结合、整体联动的工作机制尚不健全，生态环境保护制度尚不完善，市场化、多元化的生态补偿机制建设进展缓慢，生态环境硬约束机制尚未建立，长江保护法治进程滞后。生态环境协同治理较弱，难以有效适应全流域完整性管理的要求。

四是流域发展不平衡不协调问题突出。长江经济带横跨我国东中西部，地区发展条件差异大，基础设施、公共服务和人民生活水平的差距较大。三峡库区、中部蓄滞洪区和 7 个集中连片特困地区脱贫攻坚任务还很繁重。区域合作虚多实少，城市群缺乏协同，带动力不足。

五是有关方面主观能动性有待提高。中央专项安排长江经济带生态环境保护的资金规模不大，有关部门涉及长江经济带生态环境保护资金安排的统筹程度不强、整体效率不高。地方投资力度和积极性欠缺，政策性金融和开发性金融机构的支持力度不够。企业和社会资本参与度不高。干部队伍配备不足，宣传教育不到位，人才培养和交流力度也不足。

第二个问题：推动长江经济带发展需要正确把握的几个关系。

现在，我国经济已由高速增长阶段转向高质量发展阶段。新形势下，推动长江经济带发展，关键是要正确把握整体推进和重点突破、生态环境保护和经济发展、总体谋划和久久为功、破除旧动能和培育新动能、自身发展和协同发展等关系，坚持新发展理念，坚持稳中求进工作总基调，加强改革创新、战略统筹、规划引导，使长江经济带成为引领我国经济高质量发展的生力军。

第一，正确把握整体推进和重点突破的关系，全面做好长江生态环境保护修复工作。推动长江经济带发展，前提是坚持生态优先，把修复长江生态环境摆在压倒性位置，逐步解决长江生态环境透支问题。这就要从生态系统整体性和长江流域系统性着眼，统筹山水林田湖草等生态要素，实施好生态修复和环境保护工程。要坚持整体推进，增强各项措施的关联性和耦合性，防止畸重畸轻、单兵突进、顾此失彼。要坚持重点突破，在整体推进的基础上抓主要矛盾和矛盾的主要方面，采取有针对性的具体措施，努力做到全局和局部相配套、治本和治标相结合、渐进和突破相衔接，实现整体推进和重点突破相统一。

近年来，各有关方面围绕长江生态环境保护修复做了大量工作，但任务仍然十分艰巨。要再深入分析一下原因。化工污染整治和水环境治理、固体废物治理是有关联性的，抓的过程中有没有协同推进？抓湿地等重大生态修复工程时有没有先从生态系统整体性特别是从江湖关系的角度出发，从源头上查找原因，系统设计方案后再实施治理措施？我看到一份材料反映，嘉陵江是长江上游重要支流，是四川、重庆的10余座城市的重要饮用水源，生态屏障战略意义重大。但是，经过30余年开发，嘉陵江上游布局了大量采矿冶炼企业，形成了200余座尾矿库，给沿江生态带来巨大威胁。位于嘉陵江上中游分界点的一些城市反映，尽管他们坚持生态优先、加紧防治，但仍饱受防不胜防的输入型污染之痛，城区及沿江城镇几十万人口饮用水安全频频受到威胁。从这个情况可以看出，目前长江生态环境保护修复工作“谋一域”居多，“被动地”重点突破多；“谋全局”不足，“主动地”整体推进少。这就需要正确把握整体推进和重点突破的关系，立足全局，谋定而后动，力求取得明显成效。

我讲过“长江病了”，而且病得还不轻。治好“长江病”，要科学运用中医整体观，追根溯源、诊断病因、找准病根、分类施策、系统治疗。这要作为长江经济带共抓大保护、不搞大开发的先手棋。要从生态系统整体性和长江流域系统性出发，开展长江生态环境大普查，系统梳理和掌握各类生态隐患和环境风险，做好资源环境承载能力评价，对母亲河做一次大体检。要针对查找到的各类生态隐患和环境风险，按照山水林田湖草是一个生命共同体的理念，研究提出从源头上系统开展生态环境修复和保护的整体预案和行动方案，然后分类施策、重点突破，通过祛风驱寒、舒筋活血和调理脏腑、通络经脉，力求药到病除。要按照主体功能区定位，明确优化开发、重点开发、限制开发、禁止开发的空间管控单元，建立健全资源环境承载能力监测预警长效机制，做到“治未病”，让母亲河永葆生机活力。

第二，正确把握生态环境保护和经济发展的关系，探索协同推进生态优先和绿色发展新路子。推动长江经济带探索生态优先、绿色发展的新路子，关键是要处理好绿水青山和金山银山的关系。这不仅是实现可持续发展的内在要求，而且是推进现代化建设的重大原则。生态环境保护和经济发展不是矛盾对立的关系，而是辩证统一的关系。生态环境保护的成败归根到底取决于经济结构和经济发展方式。发展经济不能对资源和生态环境竭泽而渔，生态环境保护也不是舍弃经济发展而缘木求鱼，要坚持在发展中保护、在保护中发展，实现经济社会发展与人口、资源、环境相协调，使绿水青山产生巨大生态效益、经济效益、社会效益。

推动长江经济带绿色发展首先要解决思想认识问题，特别是不能把生态环境保护和经济发展割裂开来，更不能对立起来。要坚决摒弃以牺牲环境为代价换取一时经济发展的做法。有的同志对生态环境保护蕴含的潜在需求认识不清晰，对这些需求可能激发出来的供给、形成的新的增长点认识不到位，对把绿水青山转化成金山银山的路径方法探索不深入。一定要从思想认识和具体行动上来一个根本转变。

我看到新华社一篇报道反映，位于长江“九曲回肠”石首段的一家临江化工企业，产业规模居世界前三，是当地的纳税大户，但也是排污大户，严重污染问题多年难以解决，周围群众苦不堪言。这两年环保部门动真格严查，开出 2700 多万元的长江流域“史上最大环保罚单”，倒逼企业关闭污染严重、难以改造的生产线，投入约 1 亿元引进行业最先进的治污装置，不仅解决了多年的污染问题，而且推动企业实现了转型升级，一举两得。浙江丽水市多年来坚持走绿色发展道路，坚定不移保护绿水青山这个“金饭碗”，努力把绿水青山蕴含的生态产品价值转化为金山银山，生态环境质量、发展进程指数、农民收入增幅多年位居全省第一，实现了生态文明建设、脱贫攻坚、乡村振兴协同推进。

长江经济带应该走出一条生态优先、绿色发展的新路子。一是要深刻理解把握共抓大保护、不搞大开发和生态优先、绿色发展的内涵。共抓大保护和生态优先讲的是生态环境保护问题，是前提；不搞大开发和绿色发展讲的是经济发展问题，是结果；共抓大保护、不搞大开发侧重当前和策略方法；生态优先、绿色发展强调未来和方向路径，彼此是辩证统一的。二是要积极探索推广绿水青山转化为金山银山的路径，选择具备条件的地区开展生态产品价值实现机制试点，探索政府主导、企业和社会各界参与、市场化运作、可持续的生态产品价值实现路径。三是要深入实施乡村振兴战略，打好脱贫攻坚战，发挥农村生态资源丰富的优势，吸引资本、技术、人才等要素向乡村流动，把绿水青山变成金山银山，带动贫困人口增收。

第三，正确把握总体谋划和久久为功的关系，坚定不移将一张蓝图干到底。推动长江经济带发展涉及经济社会发展各领域，是一个系统工程，不可能毕其功于一役。要做好顶层设计，要有“功成不必在我”的境界和“功成必定有我”的担当，一张蓝图干到底，以钉钉子精神，脚踏实地抓成效，积小胜为大胜。

近年来，经过沿江省市和有关部门共同努力，专项治理和污染防治取得了阶段性成果，特别是非法码头整治取得明显成效。同时，要严防死灰复燃。有媒体报道，2015 年启动的长江干线非法码头、非法采砂专项整治取得良好成效，但近期由于建筑市场对砂石的需求旺盛，长江非法码头反弹压力较大。有的部门在长时间高压监管后有所松懈，部分非法码头业主则偷偷摸摸重起炉灶，企图复建开工。非法码头和非法采砂治理成果来之不易，必须建立长效机制，坚决防止反弹。我去四川调研时，看到天府新区生态环境很好，要取得这样的成效是需要总体谋划、久久为功的。我了解到，2016 年我在重庆座谈会上提到的府河成都段是天府新区的重要生态廊道，为了治理严重污染问题，当地政府在做好顶层设计的基础上，按照一年治污、两年筑景、三年成势的时序要求，推动截污、清淤、补水同向发力，并采取景观提升、长效管理等措施，计划在今年 5 月底前实现干流和重要支流无污水下河，最终彻底解决河段严重污染问题。府河黄龙溪国控断面 2015—2016 年总体水质为劣 5 类，2017 年总体水质为 5 类，今年前两个月均为 4 类，整体趋势是不断好转的。所以说，做好顶层设计后，只要一锤接着一锤敲，必然大有成效。

当前和今后一个时期，要深入推进《长江经济带发展规划纲要》贯彻落实，结合实施情况及国内外发展环境新变化，组织开展规划纲要中期评估，按照新形势新要求调整完善规划内容。要按照“多规合一”的要求，在开展资源环境承载能力和国土空间开发适宜性评价的基础上，抓紧完成长江经济带生态保护红线、永久基本农田、城镇开发边界三条控制线划定工作，科学谋划国土空间开发保护格局，建立健全国土空间管控机制，以空间规划统领水资源利用、水污染防治、岸线使用、航运发展等方面空间利用任务，促进经济社会发展格局、城镇空间布局、产业结构调整与资源环境承载能力相适应，做好同建立负面清单管理制度的衔接协调，确保形成整体顶层合力。要对实现既定目标制定明确的时间表、路线图，稳扎稳打，分步推进。

第四，正确把握破除旧动能和培育新动能的关系，推动长江经济带建设现代化经济体系。发展动力决定发展速度、效能、可持续性。要扎实推进供给侧结构性改革，推动长江经济带发展动力转换，建设现代化经济体系。长江沿岸长期积累的传统落后产能体量很大、风险很多，动能疲软，沿袭传统发展模式和路径的惯性巨大。但是，如果不能积极稳妥化解这些旧动能，变革创新传统发展模式和路径，不仅会挤压和阻滞新动能培育壮大，而且处理不好还会引发“黑天鹅”事件、“灰犀牛”事件。旧的不去，新的不来。推动长江经济带高质量发展要以壮士断腕、刮骨疗伤的决心，积极稳妥腾退化解旧动能，破除无效供给，彻底摒弃以投资和要素投入为主导的老路，为新动能发展创造条件、留出空间，进而致力于培育发展先进产能，增加有效供给，加快形成新的产业集群，孕育更多吃得少、产蛋多、飞得远的好“鸟”，实现腾笼换鸟、凤凰涅槃。

长江经济带集聚的人口和创造的地区生产总值均占全国40%以上，进出口总额约占全国40%，是我国经济中心所在、活力所在。同时也要看到，长期以来长江沿岸重化工业高密度布局，是我国重化工产业的集聚区。有媒体多次报道，沿江“化工围江”问题突出，特别是磷化工污染问题，从磷矿开采到磷化工企业加工直至化工废弃物生成，整个产业链条都成为长江污染隐忧，加之地方政府担心整治力度过大影响财政收入，进而影响民生投入等，一直对化工企业监管有畏难情绪，造成长江支流及干流总磷污染日益严重。2016 年以来，湖北宜昌市意识到“化工围江”对制约城市发展的严重性，下定决心，制订化工污染整治工作方案，一手抓淘汰落后产能和化解化工过剩产能，推进沿江 134 家化工企业“关、转、搬”，防范化工污染风险；另一手利用旧动能腾退出的新空间培育精细化工产能，引导化工产业向高端发展，经济发展呈现出新面貌。2017 年，全市单位生产总值能耗下降 7.14%、水耗下降 13.7%，主要河流水质总体良好，PM10、PM2.5 浓度分别下降 9.3%、6.5%，地区生产总值保持稳定增长。实践证明，只要思路对头、扎实推进，实现旧动能和新动能的转换是大有可为的。

推动长江经济带高质量发展，建设现代化经济体系，要坚持质量第一、效益优先的要求，推动质量变革、效率变革、动力变革，加快建设实体经济、科技创新、现代金融、人力资源协同发展的产业体系，构建市场机制有效、微观主体有活力、宏观调控有度的经济体制。这其中，实现动力变革、加快动力转换是重要一环。正确把握破除旧动能和培育新动能的辩证关系，既要紧盯经济发展新阶段、科技发展新前沿，毫不动摇把培育发展新动能作为打造竞争新优势的重要抓手，又要坚定不移把破除旧动能作为增添发展新动能、厚植整体实力的重要内容，积极打造新的经济增长极。要着力实施创新驱动发展战略，把长江经济带得天独厚的科研优势、人才优势转化为发展优势。要下大气力抓好落后产能淘汰关停，采取提高环保标准、加大执法力度等多种手段倒逼产业转型升级和高质量发展。要在综合立体交通走廊、新型城镇化、对内对外开放等方面寻找新的突破口，协同增强长江经济带发展动力。长江经济带是“一带一路”在国内的主要交汇地带，应该统筹沿海、沿江、沿边和内陆开放，实现同“一带一路”建设有机融合，培育国际经济合作竞争新优势。

第五，正确把握自身发展和协同发展的关系，努力将长江经济带打造成为有机融合的高效经济体。长江经济带作为流域经济，涉及水、路、港、岸、产、城等多个方面，要运用系统论的方法，正确把握自身发展和协同发展的关系。长江经济带的各个地区、每个城市都应该也必须有推动自身发展的意愿，这无可厚非，但在各自发展过程中一定要从整体出发，树立“一盘棋”思想，把自身发展放到协同发展的大局之中，实现错位发展、协调发展、有机融合，形成整体合力。

目前看，长江经济带发展无序低效竞争、产业同构等问题仍然非常突出，一些地方在实际工作中出现圈地盘、抢资源、条块分割、无序竞争的情况，还存在抢占发展资源、缺乏协作精神、破坏产业链条的连接和延伸等问题。我经常讲，我们国家物流费用成本偏高，这其中就有运输效率不高问题，究其原因，主要是各种运输方式各自为政发展，各种交通运输方式衔接协调不畅、彼此结构不平衡不合理导致的。沿长江通道集合了各种类型的交通运输方式，要注意加强衔接协调，提高整体效率。比如，一直以来严重制约长江航运的三峡船闸“肠梗阻”问题，能不能从综合交通运输体系全局出发找出解决问题的有效办法？有的专家提出以建设沿江重载铁路的办法一劳永逸破解这个问题，是否可行、能否实现，要抓紧论证确定。再比如，沿江三大城市群在各自发展过程中能不能结合所在的区位条件、资源禀赋、经济基础，放在长江经济带高质量发展“一盘棋”中研究提出差异化协同发展的新目标新举措？各大中小城市在明确自我发展定位和方向时能不能立足整个城市群的发展定位和方向，找到自己错位发展的重点方向，解决好同质化发展的问题？这些问题都有必要认真研究思考。推动好一个庞大集合体的发展，一定要处理好自身发展和协同发展的关系，首先要解决思想认识问题，然后再从体制机制和政策举措方面下功夫，做好区域协调发展“一盘棋”这篇大文章。

这里，我点几个问题。一是要深刻理解实施区域协调发展战略的要义，各地区要根据主体功能区定位，按照政策精准化、措施精细化、协调机制化的要求，完整准确落实区域协调发展战略，推动实现基本公共服务均等化，基础设施通达程度比较均衡，人民生活水平有较大提高。二是要推动长江经济带发展领导小组更好地发挥统领作用，在生态环境、产业空间布局、港口岸线开发利用、水资源综合利用等方面明确要什么、弃什么、禁什么、干什么，在这个基础上统筹沿江各地积极性。三是要完善省际协商合作机制，协调解决跨区域基础设施互联互通、流域管理统筹协调的重大问题，如各种交通运输方式怎样统筹协调发展、降低运输成本、提高综合运输效益，如何优化已有岸线使用效率、破解沿江工业和港口岸线无序发展问题，等等。四是要简政放权，清理阻碍要素合理流动的地方性政策法规，清除市场壁垒，推动劳动力、资本、技术等要素跨区域自由流动和优化配置。要探索一些财税体制创新安排，引入政府间协商议价机制，处理好本地利益和区域利益的关系。

第三个问题：加大推动长江经济带发展的工作力度。

党的十九大对推动长江经济带发展作出了总体部署，中央经济工作会议作出了安排。要按照这些部署和安排，坚定信心，勇于担当，抓铁有痕、踏石留印，把工作抓实抓好。

第一，加强组织领导。各级党委和政府领导同志特别是党政一把手要增强“四个意识”，落实领导责任制，决不允许搞上有政策、下有对策，更不能搞选择性执行。这是对是否同党中央保持高度一致的重大考验。推动长江经济带发展领导小组要统一指导长江经济带发展战略实施，统筹协调跨地区跨部门重大事项，督促检查重要工作落实情况，对重点任务和重大政策要铆实责任、传导压力、强化考核。各有关部门要履职尽责、主动对表、积极作为，及时帮助地方解决工作中遇到的问题。沿江 11 省市党委和政府要加强领导，充实工作专班，压实责任、改进作风，确保工作落实到位。

第二，调动各方力量。“人心齐，泰山移。”推动长江经济带发展不仅仅是沿江各地党委和政府的责任，也是全社会的共同事业，要加快形成全社会共同参与的共抓大保护、不搞大开发格局，更加有效地动员和凝聚各方面力量。要强化上中下游互动协作，下游地区不仅要出钱出技术，更要推动绿色产业合作，推动下游地区人才、资金、技术向中上游地区流动。要鼓励支持各类企业、社会组织参与长江经济带发展，加大人力、物力、财力等方面投入。三峡集团要发挥好应有作用，积极参与长江经济带生态修复和环境保护建设。

第三，强化体制机制。要落实中央统筹、省负总责、市县抓落实的管理体制。中央层面要做好顶层设计，主要是管两头，一头是在政策、资金等方面为地方创造条件，另一头是加强全流域、跨区域的战略性事务统筹协调和督促检查。省的层面主要是做到承上启下，把党中央大政方针和决策部署转化为实施方案，加强指导和督导，推动工作开展。市县层面主要是因地制宜，推动工作落地生根。

第四，激发内生动力。要加强对有关部门、沿江省市、相关企业领导干部的专题培训，提高坚持生态优先、绿色发展的思想认识，形成共抓大保护、不搞大开发的行动自觉。要落实政府主体责任，强化企业责任，按照谁污染、谁治理的原则，把生态环境破坏的外部成本内部化，激励和倒逼企业自发推动转型升级。要做好宣传舆论引导工作，营造崇尚生态文明的良好氛围。要发挥广大人民群众积极性、主动性、创造性，共同守护好母亲河。

同志们！推动长江经济带发展，既是一场攻坚战，更是一场持久战，我们要坚定信心、咬定目标，苦干实干、久久为功，为实施好长江经济带发展战略而共同奋斗！

资料来源：http：//www. xinhuanet. com/politics/leaders/2019 -08/31/c_1124945382. htm

后　记

习近平总书记讲过“长江病了”，而且病得还不轻。治好“长江病”，要科学运用中医整体观，追根溯源、诊断病因、找准病根、分类施策、系统治疗。在新时代新形势下，长江经济带高质量发展面临的生态环境、产业转型升级、区域协调机制、一体化发展等一系列问题依旧没有解决，要把握发展与保护的辩证关系，快与慢、加与减、破与立、治标与治本，不仅要求方向明确，而且落实也很关键。

推动长江经济带高质量发展已经具备了科学的顶层设计和强有力的组织保障。近年来，国家和地方层面对长江经济带发展高度重视，政策实施力度也越来越大，从明确长江经济带发展战略为国家战略，到《国务院关于依托黄金水道推动长江经济带发展的指导意见》发布，再到《长江经济带发展规划纲要》《全国国土规划纲要（2016—2030 年）》及《关于发布长江经济带发展负面清单指南（试行）的通知》等政策文件的实施，既有全局性的，也有针对某一专项的。此外，中央召开的经济工作会议也多次对长江经济带发展进行了部署，如2018年年底召开的中央经济工作会议指出，要推动长江经济带发展，实施长江生态环境系统性保护修复，努力推动高质量发展。在组织保障上，中央成立推动长江经济带发展领导小组，中央政治局常委任领导小组组长，在国家发展改革委员会设立办公室，组织力度极大；沿江11省市也先后成立省级推动长江经济带发展领导小组机构，推动政策的制定与落实。与此同时，生态环境部环境规划院成立长江经济带生态环境联合研究中心、湖北省人民政府成立湖北长江经济带绿色发展十大战略性举措指挥部和专项举措指挥部等，都为推动长江经济带发展提供了强有力的组织保障。这些政策举措和组织保障，一方面做好了长江经济带发展的顶层设计，另一方面也让各责任主体在建设过程中坚持问题导向，狠抓责任落实，建设成效得以逐一呈现。

多措并举，狠抓落实，才能推动长江经济带高质量发展。习近平总书记把“加大推动长江经济带发展的工作力度”作为关键问题之一，在深入推动长江经济带发展座谈会上强调，要加强组织领导、调动各方力量、强化体制机制、激发内生动力。经过长期实践探索，各级各部门采取多项措施，基本形成了由中央推动、长江经济带发展领导小组统一指导、统筹协调、督促检查，各有关部门按职尽责、主动作为，沿江11省市党委和政府压实责任、改进作风、落实工作的良好局面，在跨区域协调合作、一体化联动等方面成效显著。本书提出的12个应对举措，既有统筹性的，也有针对性的，各地区在参考过程中，应结合自身实际，融会贯通，加强落实，力争在推动长江经济带发展过程中取得更大成就。

坚定信念，笃定前行，方可打好推动长江经济带高质量发展这场攻坚战、持久战。综合来看，长江经济带整体发展目标应是建设成为绿色发展示范区、生态建设示范区、区域协调发展示范区、沿海沿江沿边统筹开放示范区。当前，长江经济带高质量发展尽管困难重重，但我们已积累了丰富的经验，在各方共同努力、统筹协调下，定能破除阻碍，疏通长江经济带发展的快车道，通过长江经济带高质量发展的长效机制建设，实现生态和发展互济共融、齐头并进，在建设“生态长江”“绿色长江”“安全长江”的基调下，建设“科学开发、绿色发展、可持续增长”的长江，合力把长江经济带建成生态更优美、交通更发达、经济更健康、市场更统一、区域更协调、开放更广阔、机制更科学的黄金经济带。

中国人民大学长江经济带研究院